HEYNE
BÜCHER

W0046855

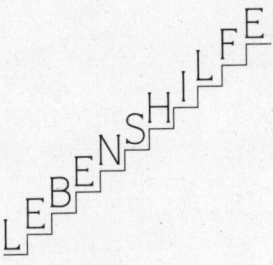

LEBENSHILFE

Thomas W. McKnight
Robert H. Phillips

Liebes-Taktiken

Wie Sie den Partner erobern, den Sie wollen

Wilhelm Heyne Verlag
München

HEYNE LEBENSHILFE
17/50

Titel der Originalausgabe
LOVE TACTICS
Aus dem Amerikanischen übersetzt
von Traudi Perlinger

4. Auflage

Copyright © 1988 by Thomas W. McKnight and Robert H. Phillips
Copyright © der deutschen Ausgabe 1990
by Wilhelm Heyne Verlag GmbH & Co. KG, München
Printed in Germany 1993
Umschlagillustration: Thomas Lochray / The Image Bank, München
Umschlaggestaltung: Christian Diener, München
Satz: Schaber Datentechnik, Wels
Druck und Bindung: Ebner Ulm

ISBN 3-453-04615-3

Inhalt

Über die Autoren

Thomas W. McKnight ist Experte auf dem Gebiet zwischenmenschlicher Beziehungen. Er schreibt und hält Vorträge über das Thema Zweierbeziehung. Seine Erfahrungen beruhen auf zahlreichen Eigenbeobachtungen als Single auf Partnersuche, sowie auf vielen Erfahrungsberichten, die ihm von anderen Singles anvertraut wurden, die gleichfalls ›auf Suche‹ sind.

Er hat an der Brigham Young Universität in den USA Psychologie studiert, war acht Jahre als Sozialarbeiter tätig und schreibt regelmäßig für das National Singles Register. Thomas W. McKnight lebt in Las Vegas, Nevada.

Dr. Robert M. Phillips ist praktizierender Psychologe in Long Island, New York. Er ist Begründer und Leiter des Center for Coping with Chronic Conditions, eine Einrichtung, die Einzel- und Gruppenberatungsprogramme anbietet.

Dr. Phillips hat drei Lebenshilfebücher geschrieben, eine Reihe von Artikeln über verschiedene psychologische Fachbereiche veröffentlicht, hält Vorträge bei Tagungen und Konferenzen, sowie Vorlesungen an Universitäten in ganz USA; er trat auch in regionalen und überregionalen Fernsehprogrammen auf.

Danksagungen

An Charles und Lois McKnight, deren Bindung und Liebe füreinander richtungsweisend für mich ist; an Rudy Shur, ohne dessen Vertrauen diese Botschaft der Hoffnung keine so weite Verbreitung gefunden hätte; und vor allem danke ich Gott, dem wahren und nie versiegenden Quell aller Liebe.

T. W. M.

Dieses Buch widme ich all den wunderbaren Menschen — meiner Familie und meinen Freunden — die immer für mich da waren, mir Liebe und Rückhalt gaben, wenn ich sie brauchte und mit mir Fortschritt und Wachstum teilten.

Ich bedanke mich bei Sharon Balaban und Jacqueline Balla für ihre Geduld und Sachkunde bei der Vorbereitung, dem Entstehen und dem Lektorat dieses Buches.

R. H. P.

Vorwort

Ob dieses Buch je ein Bestseller wird, bleibt abzuwarten, zu wünschen wäre es allemal! Warum? Die Antwort kennt jeder, der auch die quälende Frustration unerwiderter Liebe kennt!

Ist es nicht seltsam, daß die Menschheit bei allem technologischen Fortschritt unseres Jahrhunderts in ihrer Suche nach der wahren Liebe heute noch die gleichen Enttäuschungen erlebt wie eh und je? Unter uns leben Millionen Menschen, die ihre Idealvorstellungen von der erfüllten Liebe begraben haben. Es scheint beinahe ein Naturgesetz zu sein, daß der Mensch, den *Sie* wollen, nichts von Ihnen wissen will und andere, die an *Ihnen* interessiert sind, Sie emotional nicht im geringsten berühren! Wahre Liebe winkt am Horizont, ohne je erreichbar zu sein.

Viele Menschen haben die Suche aufgegeben und sich in ihr vermeintliches Schicksal gefügt. Sie haben sich damit abgefunden, ungeliebt durchs Leben zu gehen. Vielleicht gehören Sie zu denen, die in Hoffnungslosigkeit resigniert haben! Sollte das der Fall sein, so ist dieses Buch die Antwort auf Ihre Gebete.

Liebestaktiken veranschaulicht, warum es einen ganz realen Grund gibt, die Hoffnung nicht sinken zu lassen. Liebe ist *nicht* nur das Ergebnis von Zufällen, kein reiner Glückstreffer. Ob Sie es glauben oder nicht, Liebe ist eine *vorhersehbare menschliche Reaktion!* Sie stellt sich ein, wenn die psychologischen Grundbedürfnisse eines Menschen befriedigt werden. Gewiß, zuweilen mag man den Eindruck gewinnen, Liebe trete zufällig auf. Aber selbst in solchen Fällen entstehen Zweierbeziehungen nach den Prinzipien menschlichen Verhaltens, die in diesem Buch erläutert werden! Keiner, der sich dazu entschließt, diese

11

Strategien der Liebe intelligent anzuwenden, muß ungeliebt durchs Leben gehen! Erfolg in der Liebe erfordert also weiter nichts, als sich die eigene Fähigkeit bewußt zu machen, emotionale Regungen, Einstellungen und Verhaltensweisen anderer durch erprobte psychologische Techniken zu beeinflussen und zu verändern. Es liegt keineswegs in unserer Absicht, uns unfairer Mittel zu bedienen – es geht uns lediglich darum, vernünftige, erprobte Techniken aufzuzeigen!

Es wäre allerdings unmöglich, alle Methoden, Techniken und Tips, die Sie anwenden können, um Ihren Wunschpartner für sich zu gewinnen, hier im einzelnen aufzuführen. *Liebestaktiken* liefert vielmehr die Grundrezeptur, von der Sie Ihre eigenen Varianten auf Ihre spezielle Situation ableiten können. Im Verlauf der Lektüre dieses Buches werden Sie feststellen, daß Ihre Zuversicht, Ihr Selbstvertrauen und Ihre Motivation, sich Ihrem Wunschpartner zu nähern und ihn zu erobern, wachsen.

Von den vielen Lektionen, die Sie in *Liebestaktiken* lernen, beherzigen Sie vor allem eine wichtige Erkenntnis: *Sie finden Ihre wahre Liebe nicht, wenn Sie die Arme verschränken und darauf warten, daß der Mann/die Frau Ihrer Träume auf wunderbare Weise auf der Bildfläche erscheint. Sie müssen sich schon Ihren Wunschpartner aussuchen und ihn dann mit Hilfe der erprobten Prinzipien menschlichen Liebeswerbens erobern.*

Ja, Sie *können* Ihren Wunschpartner erobern! Sie müssen sich nicht mit einer Kompromißlösung zufriedengeben! Der Traum ist greifbar! Es ist nur eine Frage der Psychologie.

Liebestaktiken wird Sie einweisen in die Kunst menschlichen Verhaltens auf dem Sektor Liebe und Romantik und wird Ihnen zeigen, wie Sie *den Partner erobern, den Sie wollen!*

Kapitel 1

Einführung:
Allgemeine Strategie

Die unseren *Liebestaktiken* zugrunde liegende allgemeine Strategie ist ganz einfach. Sie beruht auf dem Prinzip, daß romantische Liebe aus drei wesentlichen Faktoren besteht:

1. *Freundschaft;* 2. *Respekt;* und 3. *Leidenschaft.* Da die Liebe zum Scheitern verurteilt ist, wenn ihr eines oder mehrere dieser unerläßlichen Elemente fehlen, können Sie Ihren Wunschpartner nur dann erobern, wenn Sie es verstehen, *alle drei Emotionen* im Herzen des anderen zu wecken und zu kultivieren.

Das Haus der Liebe

Wir können eine Liebesbeziehung mit der Konstruktion eines Hauses vergleichen. Ein funktionsfähiges, ganzes Haus ist ein angenehmer Aufenthalt. Es besteht keine Veranlassung, es zu verlassen, da das Bedürfnis nach Obdach und Geborgenheit hinlänglich erfüllt sind.

LEIDENSCHAFT

R
E
S
P
E
K
T

FREUNDSCHAFT

Wie aber sieht es aus, wenn der Bewohner nach Hause kommt und feststellt, daß sein Haus kein Dach hat? Oder keinen Fußboden? Oder keine Wände? Er würde sich alsbald nach einem neuen Heim umsehen!

DA FEHLT DOCH
WAS! WENN ICH
NUR WÜSSTE, WAS
ES IST?

R
E
S
P
E
K
T

FREUNDSCHAFT

Gelegentlich bringt ein Mensch sich übereilt in eine Situation, die einige seiner vordergründigen Bedürfnisse stillt. Wenn diese Situation jedoch nicht seine anderen emotionalen Bedürfnisse gleichermaßen befriedigt, wird er irgendwann seinen Fehler erkennen (und ausziehen)!

LEIDENSCHAFT   AU!
                   ICH WILL HIER
                   RAUS!

Ein leeres Haus

Warum ist die Liebe manchmal zum Scheitern verurteilt? In den meisten Fällen läßt sich das auf das Fehlen eines oder mehrerer dieser drei grundlegenden Elemente zurückführen. Alle drei Elemente liefern die notwendigen Bausteine zur Errichtung einer erfüllten Liebesbeziehung. So wie ein Haus ohne Dach, ohne Wände oder Grundmauern unvollständig wäre, so wäre eine Liebesbeziehung ohne

Freundschaft, Respekt und Leidenschaft unvollständig. Wenn nur eine dieser Komponenten nicht keimt und wächst, dann fühlt die Person, der diese Gefühle für den anderen fehlen, sich zwangsläufig ein wenig enttäuscht (ja sogar betrogen!). Die Beziehung wäre etwa damit zu vergleichen, als wolle man sich auf einen dreibeinigen Hocker setzen und erkennt zu spät, daß er nur zwei Beine hat!

Die Grundstrategie, einen Wunschpartner zu erobern *und* zu behalten ist also *Freundschaft, Respekt* und *Leidenschaft* in Ihrer Beziehung zu dieser Person aufzubauen. *Nur* wenn alle drei Grundelemente vorhanden sind, können Sie hoffen, die Liebe mit all ihren Glücksmomenten zu genießen!

Freundschaft

Bevor Sie das Herz eines anderen erobern, müssen Sie sich zunächst mit dieser Person befreunden. Es klingt einfacher als es wirklich ist. Wahre Freundschaft geht auf die tiefen emotionalen Bedürfnisse eines Menschen ein. Ein weiser Mensch bezeichnete einmal *einen Freund* als »jemand, in dessen Gegenwart du laut denken kannst«. Angesichts dieser Definition sollten wir alle vielleicht überdenken, wen wir wirklich als wahre Freunde betrachten!

Um ein echter Freund zu werden, müssen Sie lernen, auf die grundsätzlichen menschlichen emotionalen Bedürfnisse des anderen einzugehen. Dazu gehören:
1. *Aufmerksamkeit.* Sie müssen der anderen Person zeigen, daß Sie sich ihrer oder seiner Existenz bewußt sind.
2. *Verständnis.* Nur der anderen Person zu verstehen geben, daß Sie sich ihrer Existenz bewußt sind, genügt nicht. Sie müssen ihr auch zeigen, daß Sie sich bewußt sind, wie *der andere* seine Umwelt empfindet und wahrnimmt.
3. *Akzeptierung.* Das bedeutet, der Person zu zeigen, daß Sie auch dann noch Wert darauf legen, mit ihr zusam-

menzusein, wenn Ihnen das Verhalten oder die Einstellung des anderen nicht behagen.

4. *Anerkennung*. Dieses Bedürfnis befriedigen Sie, wenn Sie die guten Eigenschaften des anderen zur Kenntnis nehmen.

5. *Zuneigung* zeigen Sie, indem Sie die Person wissen lassen, daß sie/er auch Ihnen im Vergleich mit anderen nahesteht und sehr wichtig ist. Das kann manchmal mit einer *einfachen Berührung* zu verstehen gegeben werden.

Wenn Sie beginnen, diese fünf grundsätzlichen emotionalen Freundschaftsbedürfnisse eines Menschen zu stillen, verhelfen Sie diesem Menschen zu größerem Glück. Als Gegenleistung wird er oder sie eine unbewußte emotionale Abhängigkeit zu Ihnen entwickeln. Diese Abhängigkeit ist ein wichtiger Aspekt in jeder Zweierbeziehung. Um jedoch einen anderen zu ermuntern, Ihnen Vertrauen zu schenken, müssen Sie sich zunächst seines Vertrauens würdig erweisen.

Verhaltensprinzip Nummer 1: Menschen werden unbewußt abhängig von denen, die ihre emotionalen Bedürfnisse befriedigen

Zunächst wollen wir Ihnen mit *Liebestaktiken* zeigen, wie Sie die emotionalen Freundschaftsbedürfnisse Ihres Wunschpartners erfüllen — und zwar besser und vollständiger, als irgend jemand zuvor! Die verschiedenen in diesem Buch erläuterten Techniken werden Ihnen helfen, dies ohne Mühe zu erreichen.

Respekt

Wenn echte *Freundschaft* der Motor romantischer Liebe ist, so ist *Respekt* ihr Treibstoff! Wir fühlen uns zu Menschen, die wir wirklich respektieren, hingezogen und neigen dazu, Verbindungen mit ihnen aufzunehmen.

Wann respektieren wir jemand? Respekt ist ein erworbenes menschliches Verhalten, das vorwiegend auf unserer Wahrnehmung von Unabhängigkeit und Selbstvertrauen eines anderen beruht. Je fähiger ein Mensch zu sein scheint, sein Leben ohne unsere Hilfe zu meistern, desto größer die Wahrscheinlichkeit, daß wir uns zu dieser Person hingezogen fühlen. Dieses Prinzip gilt für den gegensätzlichen Fall genauso. Je abhängiger ein Mensch sich von uns macht, desto mehr gehen wir auf Distanz. Menschen, die sich uns gegenüber besitzergreifend verhalten und dazu neigen, sich an uns zu ›klammern‹, verlieren in zunehmendem Maße unseren Respekt. Wir haben ein ganz normales Bedürfnis, vor solchen Menschen die Flucht zu ergreifen.

Verhaltensprinzip Nummer 2: Menschen fühlen sich besonders zu denen hingezogen, die ein gewisses Maß an Zurückhaltung und Eigenständigkeit zeigen

Wenn wir also das Herz eines anderen vollständig gewinnen wollen, muß diese Person uns wahrnehmen als jemand, der sehr wohl in der Lage ist, ohne sie oder ihn zurechtzukommen. Gleichzeitig dürfen wir jedoch sein ganz reales psychologisches Bedürfnis nach Freundschaft nicht vernachlässigen. Wir sind also einem prekären Balance-Akt ausgesetzt. Auch hier zeigt Ihnen *Liebestaktiken,* wie Sie beide Ziele erreichen können!

Leidenschaft

Die Krönung romantischer Liebe ist das wunderbare Gefühl, das wir *Leidenschaft* nennen. Wir können etwas im

Leben nur bis zu dem Maß genießen, wie wir uns wirklich danach sehnen. Wenn also die Liebeserfahrung unser Bedürfnis nach der erfüllten Beziehung wirklich befriedigen und zur Ekstase werden soll, die wir uns immer erträumt haben, muß unser Liebessehnen sich zu einem Fieberzustand steigern.

Damit kommen wir zu einem der bekanntesten Grundprinzipien menschlichen Verhaltens.

Verhaltensprinzip Nummer 3:
Der Mensch sehnt sich nach dem, was er nicht haben kann!

Was geschieht, wenn Menschen zu sehr davon überzeugt sind, ein begehrenswertes Objekt ›besitzen‹ zu können? Sie sehen einen solchen Schatz meist als selbstverständlich an. (Und mißbrauchen ihn oftmals!) Wenn Sie also eine romantische Beziehung mit jemand eingehen wollen, dürfen Sie dieses Prinzip auf keinen Fall außer acht lassen. Andernfalls bringen Sie sich um die Früchte Ihrer Bemühungen!

Wenn Sie die in diesem Buch erläuterten Taktiken anwenden, können Sie im Herzen eines anderen ein Feuer der Liebe entzünden, das ausschließlich für *Sie* entflammt. Ist die Glut einmal entfacht, kann dieses Feuer ein Leben lang brennen!

Keine Zeit könnte also geeigneter sein als das Jetzt, die Gegenwart, um das Feuer mit den richtigen Taktiken zu schüren.

Das Geheimnis, Leidenschaft in einer anderen Person zu wecken, läßt sich in Form einer mathematischen Gleichung veranschaulichen:

HOFFNUNG + ZWEIFEL = LEIDENSCHAFT

Bindung

Sich verlieben ist letztlich ein rationaler, bewußter Schritt. Eine Willensentscheidung, mit der wir unsere letzten verbliebenen emotionalen Schranken öffnen und uns einem anderen Menschen völlig hingeben. Obgleich diese letzte Entscheidung ein bewußter und rationaler Schritt ist, beruht er auf Emotionen, trotz aller begreiflicher Versuche, dies zu leugnen. Wie J. Pierpont Morgan einmal gesagt haben soll: »Jeder Mensch hat zwei Gründe, etwas zu tun oder nicht zu tun: einen, der gut klingt und einen echten.«

Verhaltensprinzip Nummer 4: Menschen treffen bewußte Entscheidungen, die auf unterbewußten Gefühlen beruhen, um alsdann ihre Entscheidungen mit plausibel klingenden Gründen zu rechtfertigen

Es ist egal, wie logisch die Voraussetzungen sein mögen, daß ein bestimmter Mensch sich in Sie verliebt. Wenn die dazu erforderlichen Emotionen bei dem Betreffenden nicht kultiviert werden, entsteht einfach keine tiefe Beziehung zu Ihnen. Gewiß, ein Mensch kann sich ausschließlich durch seine Willenskraft binden, würde dabei jedoch immer eine innere Leere empfinden. Das würde seine Bindung an Sie auf lange Sicht schwächen, so aufrichtig seine Motivation anfangs auch gewesen sein mag.

Wenn andererseits die echten Gefühle von Freundschaft, Respekt und Leidenschaft in der Beziehung ausreichend gepflegt werden, ist es der Person praktisch unmöglich, sich einer solchen Bindung an Sie zu widersetzen, egal welche anderen ›logischen‹ Gründe dagegen sprechen sollten.

Wenn Sie das Verlangen haben, von Ihrem Wunschpartner aufrichtig geliebt zu werden — wenn Sie eine vollständige, erfüllte und auf Gegenseitigkeit beruhende Bindung mit Ihrem Traumpartner wünschen – , dann seien Sie schlau! Wenden Sie das Wissen um menschliches Verhalten, das Sie sich beim Lesen dieses Buches aneignen, zu Ihrem Nutzen an! Kultivieren Sie Freundschaft, Respekt und Leidenschaft für die Person Ihrer Wahl und Sie werden sehen, daß eine Liebesbeziehung daraus entsteht, ebenso folgerichtig und natürlich wie der Tag auf die Nacht folgt!

Auf einen einfachen Nenner gebracht, beruht die allgemeine Strategie dieses Buches auf dem Prinzip ›*Liebe erzeugt Liebe*‹. Das Geheimnis besteht darin, diese Liebe zur Kenntnis zu bringen. Das beginnt mit *Ihrer* Bereitschaft, den anderen zu lieben und führt zur Bereitschaft des anderen, Sie wieder zu lieben.

Kapitel 2

Selbstbewußtes Handeln

Prinzip: Menschen fühlen sich dann zu Ihnen hingezogen, wenn Sie ein positives Selbstbild ausstrahlen!

Nun sind Sie bereit, einen Anfang zu machen! Sie sind bereit, einen Versuch zu starten und den Partner, den Sie wollen, anzuvisieren. Sie hoffen, daß dieses Buch Ihnen endlich das Geheimnis verrät, wie Sie ans Ziel gelangen! Doch tief im Innern fragen Sie sich, ob Sie die Voraussetzungen mitbringen. Sie haben Selbstzweifel. Sie haben Angst.

Befreien Sie sich von diesen Ängsten! Natürlich sind *Sie* es, die oder der diesen ganzen Prozeß in Bewegung bringt. Doch *wir* haben Vertrauen in Sie! Wir wissen aus eigener Erfahrung, daß Sie (wer immer Sie sind) in sich Fähigkeiten zur Größe haben, die noch unangetastet sind! Mehr noch, wir haben nicht den geringsten Zweifel daran, daß Sie *bereits* Größe besitzen, auch wenn Ihnen dieser Aspekt bislang verborgen war.

Dieses Kapitel enthält eine Reihe von Taktiken, mit deren Hilfe Sie Ihr Selbstvertrauen steigern. Mit dem Anwachsen Ihres Selbstvertrauens erlangen Sie größere emotionale Bereitschaft, Ihren Wunschpartner zu erobern. Außerdem strahlen Sie mehr Charme aus, der seine Wirkung bei dem Objekt Ihrer Begierde nicht verfehlen wird.

Whitney Houston singt: »Sich selbst lieben zu lernen, ist die größte Liebe...« Es leuchtet ein, daß ein Mensch, der mit sich selbst unzufrieden ist, nicht sonderlich viel Liebe für einen anderen aufbringen kann. Daher ist es wichtig, daß Sie sich möglichst viel Sympathie entgegenbringen. Der Sammelbegriff hierfür lautet: *positives Selbstbild*.

Schwingungen

Ist Ihnen schon mal aufgefallen, daß Menschen dazu neigen, die Schwingungen anderer aufzunehmen? Denken Sie an die Menschen, mit denen Sie am liebsten zusammen sind. Zweifellos nehmen Sie von diesen Menschen positive Schwingungen auf, deshalb sind Sie gern mit ihnen zusammen. Es ist also sinnvoll, sich darum zu bemühen, ebenfalls positive Schwingungen auf andere zu übertragen. Doch wie macht man das? *Indem Sie mit sich selbst zufrieden sind.* Ein positives Selbstbild strahlt positiv auf andere aus. Das zeigt sich in Ihrem Gesicht, Ihren Worten und Ihrem Verhalten ganz allgemein.

Die Schwingungen, die Sie ausstrahlen, werden zur ›Aura‹, die sich positiv auf die Stimmung Ihrer Umgebung auswirkt; die Menschen, mit denen Sie Kontakt haben, werden in Ihren Bann gezogen. Sie sind gern mit Ihnen zusammen, weil Sie eine positive Ausstrahlung haben. Das ist der wahre Grund der persönlichen Anziehungskraft, die wir *Charisma* nennen.

Liebestaktik Nr. 1:
Seien Sie nett zu Nummer eins (zu sich selbst)!

Bevor Sie mehr Selbstvertrauen ausstrahlen, müssen Sie üben, sich selbst Freundlichkeit, Toleranz und Nachsicht entgegenzubringen! Untersuchungen haben ergeben, daß viele Menschen strenger als nötig mit sich umgehen. Sie sind in ihrem Eigenurteil zu negativ und selbstkritisch. Mit ständigen Selbstbeschimpfungen schaffen Sie sich ein schlechtes Selbstbild. Solche Eigenbeschuldigungen setzen letztlich Ihre Fähigkeit herab, Ihren Wunschpartner für sich zu gewinnen.

Also Schluß damit! Als ersten Schritt auf dem Weg zur Eroberung Ihres Wunschpartners verpflichten Sie sich hier und jetzt, die Gewohnheit der Selbstbeschimpfung abzulegen. Nehmen Sie sich vor, sich nicht länger abzuwerten. Ab heute *gehen Sie nachsichtiger mit sich um und sind nett zu Nummer eins (ja, das sind Sie!).* Zugegeben, Sie sind nicht perfekt; für die Gesamtkonzeption ist es jedoch unerläßlich, daß Sie sich wenigstens mit Respekt behandeln.

Wie gehen Sie vor, wenn solche Selbstdemütigungen Ihnen bereits zur Gewohnheit geworden sind? Erstens, machen Sie sich zunächst bewußt, wie weit Sie damit fortgeschritten sind. Achten Sie darauf, wann Sie etwas Negatives über sich selbst sagen. Führen Sie geistig Buch über Ihre Gedanken und Selbstgespräche. Was haben Sie gesagt? Aus welchen Gründen haben Sie sich über sich selbst geärgert?

Auch wenn Sie wütend auf sich selbst sind, weil Sie einen Fehler begangen haben, nehmen Sie zur Kenntnis, daß Sie aus Ihren Fehlern lernen können. Sie *können* verändern. Kritisieren Sie Ihr *Verhalten,* statt *sich selbst* zu beschimpfen. Gehen Sie auf Ihr Verhalten los und nicht auf Ihre Person. Es ist doch viel besser zu sagen: »Ich habe eine Dummheit gemacht«, statt: »Ich bin dumm!« Drehen Sie das Negative um! Sie finden immer etwas Positives an sich selbst.

Das schließt natürlich nicht aus, daß Sie sich manchmal von der Verantwortung drücken, wenn Sie Mist gebaut haben. Aber wer verdient nicht hin und wieder etwas Nachsicht? Und wir versprechen Ihnen, daß die Fortschritte, die Sie mit dieser Sichtweise bei sich feststellen, jede Verbesserung in den Schatten stellen, die Sie durch Selbstbestrafung erhoffen! Sie steigern allmählich Ihren Selbstwert. Ihr wachsendes Selbstvertrauen zeigt sich nach außen, und die Menschen Ihrer Umgebung werden auf die von Ihnen ausgestrahlte Aura positiv reagieren.

Ein solches Verhalten darf allerdings nicht dazu führen, daß Sie in die Gewohnheit verfallen, Ihre Fehler zu entschuldigen oder sich bei anderen in ein besseres Licht setzen. Nehmen Sie einfach zur Kenntnis, daß jeder seine Fehler hat. Nur weil Sie Fehler machen, sind Sie kein

›schlechter‹ Mensch. Menschliche Schwächen können sich sogar zu Ihren Gunsten auswirken. Wie ein junger Single einmal sagte: »Ich mag Leute nicht, die *zu* perfekt sind!«

Zweitens, nehmen Sie zur Kenntnis, daß niemand perfekt ist. Jeder (und ich meine: *jeder*) macht Fehler; und auch Sie haben ein Recht darauf, Fehler zu machen! Fehler machen einen Menschen nicht minderwertig – nur menschlich!

Drittens, verlieren Sie nicht den Mut, wenn es Ihnen schwerfällt, Ihre Minderwertigkeitsgefühle abzuschütteln, auch wenn Sie das befolgen, was wir Ihnen mit dem Vorangegangenen geraten haben! Wir können Ihnen versichern, daß Sie mit einem kleinen Minderwertigkeitskomplex nicht allein dastehen. Die *meisten* Menschen in dieser Welt fühlen sich insgeheim irgendeinem anderen unterlegen, ohne das lauthals kundzutun. Trotzdem können Sie Ihren Wunschpartner für sich gewinnen. Das ist Millionen Menschen vor Ihnen gelungen! Je mehr Sie sich jedoch selbst annehmen, *ohne sich abzuwerten,* desto größere Chancen haben Sie.

Viertens, werden Sie sich darüber klar, daß Ihre Fähigkeit, eigene Schwächen aus der Vergangenheit als Fehler *zu erkennen*, Ihre Fähigkeit aufbaut, sich zu bessern. Das ist ein äußerst wichtiger Aspekt.

Und fünftens, kontrollieren Sie Ihre Denkweisen. Sich negativem Denken hinzugeben kann äußerst destruktiv sein. Woher wissen Sie, ob Sie negativ denken? Das sagt Ihnen Ihre Empfindung! Immer wenn Sie deprimiert, verärgert sind, sich schuldig, einsam, traurig, hoffnungslos fühlen oder irgendwelche sonstigen Mißstimmungen haben, können Sie davon ausgehen, daß Sie negative Gedanken mit sich herumtragen. Es können aber auch unbewußte Empfindungen sein. Bringen Sie diese Gefühle nach außen! Fragen Sie sich: »Was fühle ich genau? Warum fühle ich so? Welche speziellen Umstände lösen diese Gefühle aus?« Sie können nicht verhindern, daß Gefühle und Eindrücke Ihnen im Kopf herumgehen, aber Sie haben

Kontrolle darüber, wie Sie darauf reagieren! Üben Sie sich darin, ›rote Fähnchen‹ aufzustecken. Identifizieren Sie negative Gedanken, sobald sie auftauchen – damit versehen Sie sie mit einem ›roten Fähnchen‹. Sobald Sie sich eines negativen Gedankens bewußt sind, entschärfen Sie ihn. Treten Sie ihm entgegen, untersuchen und analysieren Sie ihn. Gehen Sie sorgfältig und präzise vor. Nehmen Sie sich dafür, falls nötig, einige Tage Zeit und *schreiben Sie Ihre Gedanken auf!* Fragen Sie sich, was verändert und was nicht verändert werden kann. Dann versuchen Sie das zu ändern, was verändert werden kann, und akzeptieren Sie das, was nicht zu ändern ist. Auch wenn Sie der Gedanke vielleicht bedrückt, nicht alles in Ihrem Leben ändern zu können, so werden Sie erstaunt sein, wie viel besser Sie sich fühlen, wenn Sie die wenigen Dinge ändern, auf die Sie Einfluß haben. Das steigert Ihre Selbstachtung enorm und stärkt Ihre Fähigkeit, Ihren Wunschpartner zu erobern!

Glauben Sie an sich

Die beste Form, Ihre Selbstachtung zu heben, ist das Erkennen, wieviel Gutes *bereits* für Sie spricht. Was sind Ihre guten Eigenschaften? Was sind die positiven Aspekte Ihrer Person? Jeder Mensch hat positive Aspekte. Denken Sie darüber nach. Nehmen Sie erneut Stift und Papier zur Hand und stellen eine Liste Ihrer guten Eigenschaften zusammen. Zunächst fällt Ihnen dazu möglicherweise nichts oder nicht viel ein. Geben Sie sich nicht damit zufrieden. Jeder Mensch hat positive Züge, die ihm hoch angerechnet werden sollten. Auch Sie! Sie werden erstaunt sein, wie rasch Ihre Liste anwächst, wenn Sie einmal angefangen haben!

Denken Sie an die positiven Dinge, zu denen Sie fähig sind, die positiven Leistungen, die Sie in Ihrem Leben vollbracht haben. Identifizieren Sie die Menschen, die Sie mögen, die Menschen, die zu Ihnen aufblicken und Sie respektieren. Schreiben Sie auf, was Ihnen an Ihrer Person gefällt: *Charakterzüge, Talente, Leistungen*. Schreiben Sie die guten Dinge auf, die Sie für andere getan haben; jede freundliche Geste für andere, an die Sie sich erinnern. Schreiben Sie auf, in welchen Bereichen Sie eine Naturbegabung haben oder sich Geschick erworben haben. Sie werden erstaunt sein über die Wirkung, die diese Liste auf Ihre Selbstachtung hat! Sie fühlen sich so gut, wie lange nicht!

Auch wenn Sie diese Übung beendet haben und in der Lektüre dieses Buches fortfahren, sollten Sie die Liste Ihrer positiven Eigenschaften, die Ihnen später in den Sinn kommen, vervollständigen. Integrieren Sie die Liste in Ihr Leben, legen Sie sie griffbereit in eine Schublade, um sie von Zeit zu Zeit durchzulesen und zu vervollständigen. (Diese Methode hat Benjamin Franklin angewandt, um in seinem Leben Fortschritte zu machen.) Wenn Sie sich schlecht fühlen oder unter einem instabilen Selbstbild leiden, lesen Sie diese Liste durch. Sie verhilft Ihnen zu einem besseren Selbstwertgefühl. Denken Sie daran: *Wenn Sie Ihre positiven Eigenschaften identifizieren und positiv denken, stehen Ihnen zwei der wichtigsten Methoden zur Verbesserung Ihres Selbstbildes zur Verfügung.* Und da die Wertschätzung Ihrer selbst sich bei anderen Menschen manifestiert, folgen diese Ihrem Beispiel und akzeptieren Sie mehr.

Liebestaktik Nr. 2:
Identifizieren Sie Ihre Ziele

Wenn Sie Ihr Leben — und Ihr Glück — bei einem anderen Menschen suchen, geschieht etwas höchst Seltsames. Ihr Leben gerät aus den Fugen. Es gerät in Unordnung. Wir kennen zwar kein größeres Glück, als von einem anderen Menschen geliebt zu werden, wird die Befriedigung dieses Bedürfnisses jedoch zum Hauptziel unserer Existenz, so schwindet die Liebe des anderen. Es klingt paradox, ist aber wahr. Um die Liebe und Hingabe eines anderen gewinnen zu können, müssen Sie zunächst lernen, *ohne diese Liebe und Hingabe* glücklich zu sein — wenigstens bis zu einem bestimmten Grad. Aus der Verbindung zweier unglücklicher Menschen entsteht selten eine glückliche Beziehung. Glückliche Beziehungen entstehen aus der Vereinigung *zweier glücklicher Menschen!* Das heißt, Sie haben dann die besten Chancen, die Liebe, von der Sie immer geträumt haben, zu gewinnen, wenn Sie Ihren eigenen Weg gehen und sich darum bemühen, so viel persönliche Zufriedenheit und Glück bei sich — allein zu finden. Wenn Sie das tun, wird die Liebe Ihnen folgen. Sie gleicht in dieser Beziehung einem Schatten. Wird sie direkt verfolgt, läuft sie vor Ihnen fort; erst wenn Sie die Verfolgung aufgeben und sich abwenden, wird sie Ihnen stets auf den Fersen bleiben!

Vor nicht langer Zeit neckte einer der Autoren einen Freund, wann er und seine Freundin gedachten, ›sich zusammenzutun‹. Der Freund wurde plötzlich ganz ernst und gab freimütig zu, daß er etwas vermisse. »Sie ist ein wunderbares Mädchen«, sagte er. »Aber es scheint, als habe sie kein anderes Ziel im Leben, als zu heiraten. Ich glaube, ich wünsche mir eine Partnerin mit mehr Zielorientierung!«

Ob wir das realisieren oder nicht, die meisten von uns wollen unterbewußt einen zielorientierten Partner, der etwas erstrebt — auch ohne uns! Auch Sie müssen einen richtungsweisenden Kurs einschlagen, wenn Sie Ihren Wunschpartner erobern wollen.

Um Ihr Leben in die Hand zu nehmen, müssen Sie sich eigene Ziele stecken und deren Verwirklichung angehen. Einen Lebensplan, Ziele haben und die nötigen Schritte zur Verwirklichung dieser Ziele tun, sind die wichtigsten Voraussetzungen für ein glückliches und erfolgreiches Leben.

Zielsetzung kann eine sehr positive Erfahrung sein.

Damit konzentrieren Sie sich auf Ihr positives Potential und nicht auf Ihre negativen Mängel. Allein das versichert Sie Ihres wahren Wertes und hilft Ihnen, größeres Selbstvertrauen nach außen zu zeigen. Haben Sie sich je Gedanken darüber gemacht, daß Ihr Wunschpartner Sie nicht wegen Eigenschaften begehrt, die Ihnen fehlen? Dann sollten Sie es sich zum Ziel setzen, sich in diesen Bereichen zu verbessern! Ihr Selbstvertrauen steigt weiterhin mit den Verbesserungen, die Sie an sich vornehmen, indem Sie Eigenschaften und Qualitäten erwerben, die Sie bei anderen bewundern!

Der vielleicht größte Nutzen in der Identifizierung von Zielen und dem Vorsatz, diese Ziele zu verwirklichen, liegt in dem Gefühl der Macht, das mit den aktiven Schritten entsteht, die Sie unternehmen, um Ihr Leben in den Griff zu kriegen! Überlegen Sie, wann Sie sich in Ihrem Leben wohlgefühlt haben und wann Sie unzufrieden waren. Sie werden feststellen, daß Sie sich meist dann wohlgefühlt haben, wenn Sie aktiv an einem Ziel gearbeitet haben. Wenn Sie aber tatenlos herumsaßen, sich langweilten oder darauf warteten, daß etwas geschieht, hatten Sie vermutlich eine weit weniger positive Einstellung zu sich selbst. Ohne feste Ziele, auf die wir hinarbeiten können, stagnieren wir, verlieren unser Selbstvertrauen und treiben ziellos dahin. (Glauben Sie, damit einen guten Eindruck bei Ihrem Wunschpartner zu machen?) Ziele helfen Ihnen, die genaue Richtung festzulegen, die Sie einschlagen wollen. Packen Sie also mit Zuversicht an!

Stellen Sie sich folgende Situation vor: Sie sitzen in Ihrem Auto. Der Benzintank ist voll, Sie lassen den Motor an, legen den Gang ein und fahren aus der Parklücke. Da fällt Ihnen plötzlich auf: »Ich weiß ja gar nicht, wohin ich fahre!«

Klingt das komisch? Und dennoch ergeht es vielen Menschen Tag um Tag so mit einem Fahrzeug ganz besonderer Art – ihrem Leben nämlich! Begeben Sie sich nicht in diese Falle! *Liebestaktiken* fordert Sie auf, eine aktive

Rolle in der Verwaltung Ihres Lebens zu übernehmen! Wenn Sie persönliche Ziele identifizieren und etwas dafür tun, um diese Ziele zu erreichen, wird die Liebe einen natürlichen Platz in Ihrem Leben einnehmen. Sie werden erstaunt sein, wie selbstverständlich sich das vollzieht.

1. Treffen Sie die Entscheidung darüber, was Sie wollen. Denken Sie an Ihre gegenwärtigen Wünsche und Sehnsüchte. Träumen Sie in großen Dimensionen, teilen Ihren Traum aber in kleine Sektoren ein, so daß es immer einen nächsten machbaren Schritt gibt. Fragen Sie sich: »Was will ich in naher Zukunft erreichen? Welche Leistung will ich erbringen?« Gehen Sie sicher, daß Ihre Ziele aus Aspekten bestehen, auf die Sie hinarbeiten können. Verlassen Sie sich nicht auf die Willkür anderer, Ihnen beim Erreichen Ihrer Ziele zu helfen. Sie können nicht darauf bauen, daß ein anderer Ihre Ziele für Sie erreicht. Sie sind der einzige Mensch, auf den Sie zählen können, um einen Plan umzusetzen!

2. Schreiben Sie Ihre Ziele auf. Seltsamerweise werden Ziele real, sobald sie schriftlich festgehalten sind. Die Aufstellung der gesteckten Ziele hilft Ihnen, Ihren Fortschritt im Auge zu behalten. Andernfalls verlieren Sie vielleicht den Überblick über Ihre Planungen.

3. Setzen Sie Prioritäten. Von den vielen Dingen, die Sie erreichen wollen, setzen Sie die an erste Stelle, die Ihnen am wichtigsten sind. Bestimmen Sie weiterhin, welches Ziel Sie zunächst angehen wollen.

4. Legen Sie einen Zeitrahmen fest. Der Unterschied zwischen einem Ziel und einem Wunsch besteht darin, daß ein Ziel einen festen Zeitrahmen hat, in dem wir bestimmte Dinge tun, die dem Erreichen dieses Zieles dienen.

5. Gliedern Sie Ihre Ziele in tägliche Aufgaben. Wenn wir davon sprechen, Ziele zu setzen, sprechen wir nicht nur über Lebensziele. Wir sprechen auch über Ziele in Ihrem Alltagsleben. Wie erfolgreich wäre jemand im Beruf, wenn er oder sie die täglich anfallende Arbeit

nicht leisten würde? Wie erfolgreich wäre ein Lehrer, der nur an die Jahresabschlußprüfung denkt, ohne den täglichen Lehrstoff durchzuarbeiten? Den größten Erfolg erzielen Sie, wenn Sie Ihre langfristigen Ziele in tägliche Unterziele gliedern.

Sich für einen bestimmten Aktionsplan zu entscheiden – Ziele setzen und die notwendigen Schritte einleiten, um die einzelnen Stufen zu erreichen – ist ein fundamental wichtiger Prozeß für ein erfülltes Leben. Gehen Sie ihn an! Und Sie werden bald entdecken, daß Ihnen das hilft, Ihren Wunschpartner zu finden!

Liebestaktik Nr. 3:
Entspannen Sie sich!

Jeder, der schon einmal bis über beide Ohren verliebt war, kennt die Spannung und Erregung; und sei es, sich nur mit dieser Person im selben Raum aufzuhalten! Sie fürchten, tot umfallen zu müssen, stimmt's? Ihre Knie zittern und Sie wagen nicht, den Mund aufzumachen, aus Angst, nur ein heiseres Krächzen und verstörtes Stottern hervorzubringen. Krampfhaft bemühen Sie sich, diese Nervosität zu verbergen. Ihr Verstand sagt Ihnen allerdings, daß Sie dazu nicht in der Lage sind – was Ihre innere Unruhe wiederum erhöht! Was soll ein Mensch mit Selbstachtung in einer solchen Situation tun? Na klar – sich *entspannen*.

Bis zum heutigen Tage konnte Ihnen freilich noch niemand wirklich sagen, wie Sie das anstellen sollen. Heute erfahren Sie etwas, das Ihnen von größerem Nutzen sein wird, als alle Entspannungsübungen dieser Welt. Sind Sie bereit? Also gut: *Es macht nichts, wenn Sie nervös sind!* Haben Sie das begriffen? Wir wiederholen, da es ein schwer zu fassender Gedanke ist: *Es macht nichts, wenn Sie nervös sind!* Richtig! Das, was wir unser ganzes Leben lang zu vermeiden suchen, ist also gar nicht so grauenhaft!

Das eigentliche Problem ist nicht unsere Nervosität, sondern unsere Angst, unseren Plan weiterzuverfolgen, wenn wir glauben, die Nervosität sei uns anzumerken. Das Potential zum Erfolg steckt in uns allen, wir lassen uns nur allzu leicht verleiten, es nicht zu nutzen. Keine Panik! Werden Sie sich klar, daß es nichts ausmacht, nervös zu sein! Sie werden erstaunt feststellen, wie viele Menschen sich tatsächlich *mehr* zu Ihnen hingezogen fühlen, wenn sie trotz Ihrer Ängste Ihren Mut zur Aktion spüren und sehen. Eine bebende Stimme ist Musik in ihren Ohren und ein größeres Kompliment, als Sie sich vorstellen können! Das bedeutet nicht, daß Sie über Ihre Nervosität sprechen müssen. Wichtig ist Ihre Bereitschaft, das Gefühl zuzulassen. Verfallen Sie nicht in irgendwelche unnatürlichen Extreme; versuchen Sie weder, Ihre Nervosität zu unterdrükken, noch sie zu verstärken.

Erfreuen Sie sich vielmehr an dem Zustand, solange er dauert, denn er dauert nicht lange. Die Nervosität beginnt nämlich zu schwinden, wenn Sie trotz aller Ängste handeln. Möchten Sie das erfolgreichste Mittel gegen Nervosität wissen? Es heißt *Erfahrung*!

Warum ist es wichtig, Entspannung als Teil Ihrer Suche nach dem Wunschpartner zu lernen? Nun, weil Sie zweifellos den bestmöglichen Eindruck machen wollen. Sie wollen als selbstbewußte Person auftreten. Die Fähigkeit zur Entspannung kann sehr wichtig sein, um Ihnen das Gefühl zu geben, die Situation zu beherrschen. Und wenn Sie in stillen, nachdenklichen Momenten innere Ruhe und Frieden finden, erkennen Sie, daß Ihr Leben nicht von einem einzigen Zusammensein mit einem bestimmten Menschen abhängt. Sie finden innere Quellen des Selbstvertrauens, auf die Sie zurückgreifen können, um zu verhindern, daß Ihr Angstbarometer in die ›rote Zone‹ hochschnellt.

Es gibt noch einen Grund, warum sich Gelassenheit im Zusammensein mit anderen empfiehlt. Ein kühles, gelassenes Auftreten überträgt sich auf andere, die sich *in Ihrer*

Gegenwart ruhig und entspannt fühlen! Wenn Sie andererseits jedem Rendezvous zu große Bedeutung beimessen und ständig nervöse Unsicherheit verbreiten, wird das bei der Person, mit der Sie zusammen sind, Unbehagen auslösen und sie dazu veranlassen, Ihnen mit mehr Zurückhaltung und Verschlossenheit zu begegnen.

Je gelöster und entspannter Sie sind, desto unbeschwerter Ihr Unterbewußtsein, um Ihr Auftreten in der Öffentlichkeit zu lenken. Und Sie stellen fest, daß Ihr Vertrauen in Ihre intuitiven Kräfte Sie automatisch dahin führt, wo Sie sein wollen.

Wir sind dann am besten, wenn wir angstfrei und entspannt sind. Aber wie, so werden Sie fragen, können Sie verhindern, im wichtigsten Augenblick Ihres ganzen Lebens zur Salzsäule zu erstarren? Die Antwort: Sie können es nicht verhindern! Verlieren Sie also nicht völlig die Nerven, wenn das geschieht! Wenn Sie sich erst einmal in einer Situation völlig danebenbenommen haben und alles schiefgegangen ist, werden Sie als Entschädigung feststellen, wie erstaunlich viel selbstsicherer Sie in einer vergleichbaren zukünftigen Situation sind. Sie ziehen aus jeder Situation Nutzen, ungeachtet des Resultats. Sie gewinnen immer, entweder wenn die Sache zufällig zu Ihren Gunsten verläuft, wie Sie es gewünscht haben, oder weil Sie eine Erfahrung machen, die Sie für künftige Begegnungen kühl und gelöst macht. Seien Sie also gelassen! Sie können auf keinen Fall verlieren!

Liebestaktik Nr. 4:
Sprechen Sie mit Überzeugung

Würden Sie sich mit Ihrem Wunschpartner gern selbstsicher unterhalten? Dann ist es wichtig, daß Sie sich selbst akzeptieren. Zögern Sie nicht, mit ihm oder ihr ein Gespräch anzufangen, aus Angst, was der Betreffende über Sie denken könnte. *Was* Sie sagen ist nicht so wichtig,

wichtig ist vielmehr die Tatsache, daß Sie *etwas* sagen. Wenn Sie üben, sich nicht von Ihren Ängsten am Sprechen hindern zu lassen, wird Ihre Fähigkeit wachsen, ein kluges und amüsantes Gespräch zu führen.

Ein Gespräch beginnen

Wie beginnt man am besten ein Gespräch mit einem Fremden? Mit diesem Aspekt zwischenmenschlicher Beziehung haben die meisten Menschen Schwierigkeiten. Nicht nur die Person, die sich bemüht, ein Gespräch zu beginnen, steht unter Druck, sondern auch die angesprochene Person, da sie wiederum in Verlegenheit gerät, weil sie fürchtet, ihre Reaktion könnte unzureichend oder töricht sein. Es gibt Grundtechniken, die jedem die Scheu nehmen. Ein Gespräch zu beginnen, muß nicht schwierig sein. Wenn Sie Ihr anfängliches Zögern einmal überwunden haben, stellen Sie fest, daß ein Gespräch eine wirksame Methode sein kann, Ihren Wunschpartner zu gewinnen.

Zunächst müssen Sie wissen, daß für ein Gespräch mehr als Worte nötig sind. Augenkontakt gehört dazu und zu einem gewissen Maß die Körpersprache. Außerdem müssen Sie wissen, daß das Mienenspiel ein entscheidender Faktor für den Gesprächsverlauf ist. Wenn Sie lächeln, obwohl Sie sich in Ihren Worten verhaspeln, können Sie sicher sein, einen guten Eindruck zu machen.

Konversationsängste

Nun wollen wir zum Grundsätzlichen kommen. Einer der Hauptgründe, warum Sie sich scheuen, ein Gespräch mit einem Fremden zu beginnen, ist die Angst vor Zurückweisung. Sie fürchten, abzublitzen, wenn Sie nicht den richtigen Ton finden. Wie demütigend! Wie beschämend! Sie sehen sich förmlich mit verlegen gesenktem Kopf davonschleichen. Machen Sie solchen Gedanken den Garaus! Der Schlüssel zu einem erfolgreichen Gespräch liegt nicht in wohlgesetzten Worten, um einen guten Eindruck zu machen. Das Geheimnis besteht darin, einen offenen, gewinnenden Eindruck zu machen! Und solange Sie den aufrichtigen Wunsch zur Kommunikation haben und auf einen Fremden offen zugehen, ist das genau der Eindruck, den Sie hinterlassen werden! Wenn Sie es ehrlich meinen, machen Sie nie einen schlechten Eindruck. Nur wenn wir versuchen, *Eindruck zu machen,* geraten wir in Schwierigkeiten.

Was ist zu sagen

Gibt es etwas, das Sie sagen können, um den Ball ins Rollen zu bringen? Ja, nahezu *alles*! Wenn Ihnen nichts Besseres einfällt, tun es selbst alte, abgedroschene Floskeln, die Sie aus alten Filmen kennen! Sie mögen sich komisch vorkommen, einen Menschen, den Sie nie zuvor gesehen haben, mit den Worten anzusprechen: »Verzeihen Sie, aber habe ich Sie nicht schon irgendwo gesehen?« Aber das funktioniert! Es liegt in der menschlichen Natur, sich von solcher Aufmerksamkeit geschmeichelt zu fühlen, und der/die so Angesprochene schluckt den Köder!

Small Talk

Small Talk eignet sich bekanntlich dafür, das Eis zu brechen, wenn man eine neue Bekanntschaft macht, weil solche Gespräche keine heiklen oder persönlichen Themen berühren; man spricht übers Wetter, die Umgebung, andere Leute. Der Nutzen einer solchen Plauderei liegt darin, daß jemand sich für Sie erwärmt und Vertrauen zu Ihnen faßt, *bevor* er oder sie sich Ihnen öffnet. Eine behutsame Annäherung ist besser als der Ansturm einer Büffelherde! Small Talk allein führt jedoch nicht sonderlich weit, wenn Sie eine nähere Beziehung ins Auge fassen! Damit wird nur der Übergang zu einem tieferen Gespräch geschaffen.

›Größerer‹ Talk

Sobald die Zeit reif ist, wenden Sie das Gespräch persönlichen Dingen zu. Es ist wichtig, über Gefühle und Ansichten zu sprechen, die dem Small Talk fehlen. Sobald das Gespräch in Gang gebracht ist, lenken Sie es behutsam auf die andere Person. Ihre Fragen sollen Ihr Interesse an der Meinung des anderen bekunden. Fragen Sie nach den Erfahrungen des anderen. Machen Sie gelegentlich eine Bemerkung über sich selbst, aber nur, wenn sie Bezug zum Gesprächspartner hat (um zu zeigen, daß Sie sich mit dem identifizieren können, was der andere sagt). Richten Sie den Scheinwerfer Ihres Interesses aber rasch wieder auf den anderen. Stellt er oder sie ernstgemeinte Fragen zu Ihrer Person, so antworten Sie, ohne zu ausschweifend zu werden. Vergessen Sie nicht, das Interesse des anderen ist begrenzt! Besonders im Frühstadium einer Begegnung sollten Sie nur soviel von sich preisgeben, um die Neugier des anderen zu wecken, mehr über Sie zu erfahren! Bewahren Sie stets ein Geheimnis um sich selbst. Dadurch kommt der andere immer wieder auf Sie zurück. Sehen Sie solche Gespräche als Festmahl, bei dem die Belange des anderen das Hauptgericht sind und Ihre Belange die Würze. Das Hauptgericht sollte nicht zu stark gewürzt sein!

Es versteht sich eigentlich von selbst, daß Sie nicht den leisesten *Anschein* erwecken sollten, großsprecherisch zu wirken. Nichts ist abstoßender als jemand, der schwärmerisch unaufhörlich von sich selbst spricht. Ein weiteres Tabu besteht darin, andere schlechtzumachen. Bedauerlicherweise bestreiten manche Menschen ihre Unterhaltungen vorwiegend damit, andere herabzusetzen; sie tun sich mit jemand zusammen und fallen gemeinsam einem Dritten verbal in den Rücken; dadurch entsteht ein vermeintliches Gefühl der Zugehörigkeit. Gehen Sie nicht in diese Falle! Sie säen damit nur Mißtrauen. Wie kann Ihr Gesprächspartner sicher sein, daß Sie ihn bei passender Gelegenheit nicht gleichfalls herabsetzen, wenn Sie schlecht über Dritte sprechen? Vermeiden Sie also jede Form des Klatsches! Damit hinterlassen Sie nur einen schlechten Eindruck bei Ihrem Wunschkandidaten. Sprechen Sie lieber positiv über andere. »Wenn du nichts Nettes sagen kannst, sag am besten gar nichts!« heißt eine Redewendung.

Machen Sie sich klar, daß die Verantwortung, ein erfolgreiches Gespräch zu beginnen und fortzusetzen, bei Ihnen liegt, wenn Sie einen Menschen für sich einnehmen wollen. Eine so wichtige Phase wie der Beginn einer Bekanntschaft darf nicht dem Zufall überlassen bleiben. *Sie müssen die Situation unter Kontrolle haben*. Das bedeutet nicht, daß Sie den Löwenanteil des Gesprächs bestreiten. *Sie gewinnen vorwiegend dadurch Kontrolle, wenn Sie zuhören und Fragen stellen.*

Ermuntern Sie den anderen, der Hauptredner zu sein; gehen Sie aber sicher, daß Sie ausreichend Brennmaterial haben, um das Feuer zu schüren, wenn die Flamme zu erlöschen droht!

Hier kann ein wenig Vorbereitung hilfreich sein. Machen Sie sich rechtzeitig ein paar Gedanken darüber, welche Fragen zu welchen Themen Sie anschneiden können. (Vor vielen Jahren stand einer der Autoren vor einer Verabredung ziemlich nervöse Ängste aus und überlegte, wie er die Unterhaltung in lockerer Form in Fluß halten konnte. Er schrieb eine Liste möglicher Themen auf ein Kärtchen, das er im Verlauf des Abends wiederholt zu Rate zog. Es klappte prima!) Beißen Sie sich jedoch nicht an Einzelheiten fest. Wichtig ist Ihr aufrichtiges Interesse.

Auch wenn Sie kein hundertprozentiges Zutrauen zu Ihren Fähigkeiten haben, ein Gespräch zu leiten, können Sie ein guter Zuhörer sein.

Eine hoch geschätzte Eigenschaft! Denken Sie daran – Menschen interessieren sich weniger für Ihren Wissensstand, sondern dafür, wie stark *Ihr* Interesse ist!

Liebestaktik Nr. 5:
Wissen, was Sie (vom zukünftigen Partner) wollen

Bevor wir die übrigen Liebestaktiken dieses Buches erörtern, müssen Sie eine klare Vorstellung davon bekommen, welche Eigenschaften und Qualitäten Sie von Ihrem Wunschpartner erwarten. Es kommen Krisenzeiten, in denen Ihre Überzeugung, die richtige Wahl getroffen zu haben, Ihre einzige Motivation ist, um bei Ihrem Vorhaben zu bleiben. Je klarer definiert Ihr Ziel, desto besser Ihr Vorsatz, es zu verwirklichen. Manche Menschen wissen nicht, von welchen Eigenschaften sie angezogen werden. Sie haben nie die Gründe analysiert, warum sie sich in einen bestimmten Typ verlieben. Für sie bleibt Liebe ein Geheimnis; sie sind wie ein Schiff ohne Navigationsgerät, das einem Zufallshafen entgegentreibt, Menschen, die keinerlei Kontrolle über ihre Zukunft haben.

Ihr Verhalten sollte sich davon unterscheiden! Menschen, die wissen, welche Kräfte sie leiten und wohin sie gehen wollen, können ihren eigenen Kurs bestimmen! Und genau das erwarten wir von *Ihnen*, liebe Leser.

Zunächst erstellen Sie eine Liste aller Personen, in die Sie sich in Ihrem Leben verliebt haben. Als nächstes schreiben Sie neben jeden Namen all das, was Ihnen an dem jeweiligen Menschen gefallen hat. Was hat Sie zu ihm hingezogen? War es sein Lächeln? Seine Augen? Ihr Lachen? Überlegen Sie, welcher Typ Mensch diese Person war? War er/sie heiter? Selbstsicher? Intelligent? Humorvoll? Diese und viele Fragen mehr stellen Sie sich. Dann gehen Sie die Liste durch und fragen sich, welche Qualitäten Ihr Wunschpartner noch haben soll. Das erfordert hilfreiche Überlegung und alsbald entsteht ein ziemlich schlüssiges Bild Ihres Idealpartners. Nun geraten Sie nicht in Panik, weil Sie glauben, so ein Mensch kann nicht existieren! Es handelt sich nur um Anhaltspunkte.

Wenn Sie wissen, welche Eigenschaften Sie von einer

Person wünschen, sind Sie besser gerüstet, Ihre Suche zu beginnen. Das bedeutet jedoch nicht, daß Ihre Erwartungen starr und unveränderbar bleiben müssen. Sie werden erstaunt sein, wie leicht es Ihnen fällt, Ihre Wunschvorstellungen den realen Gegebenheiten anzupassen. Ihre Liste ist nur ein Bezugsrahmen für den Start. Diese Liste ist jederzeit veränderbar, und Sie werden feststellen, daß Sie sich zu vielen Menschen hingezogen fühlen, die nicht alle Ihre anfänglichen Idealvorstellungen verkörpern. Ein konkretes Bild Ihres Wunschpartners gibt Ihnen jedoch Kraft und Rückhalt für Ihre Suche!

Liebestaktik Nr. 6:
Legen Sie Ihr Jagdgebiet fest

So hilfreich unsere *Liebestaktiken* sich erweisen, wenn Sie bereits jemand ins Auge gefaßt haben, den Sie für sich gewinnen wollen, sie wären nicht vollständig ohne einige Empfehlungen, *wo* Sie einen potentiellen Partner finden. In diesem Abschnitt erläutern wir kurz einige geeignete Schauplätze, wo Liebesbande geknüpft werden können.

Der Arbeitsplatz

eignet sich aus zwei Gründen bestens, um Bekanntschaften zu machen. Erstens, verbringen Sie viel Zeit am Arbeitsplatz und sind in ständigem Kontakt mit Kollegen und Kunden. Zweitens, bewegen Sie sich auf neutralem Boden, dadurch wird mancher Druck von einer möglichen Zweierbeziehung genommen.

Zahllose Paare haben sich in beruflichen Situationen kennengelernt! Manche Menschen halten es zwar für gefährlich, am Arbeitsplatz Liebesbeziehungen anzuknüpfen, andere sind der Meinung, daß dieses Risiko sich lohnt! Nur Sie können entscheiden, ob das Glücksspiel sich in Ihrem Fall lohnt.

Besondere Interessengruppen

Eine weitere Goldmine für potentielle Romanzen sind spezielle Hobbygruppen, etwa ein Fotoclub, Skiclub oder Fitneß-Club. Lassen Sie sich Prospekte über Erwachsenenbildung zuschicken oder ein Verzeichnis der Volkshochschule Ihrer Stadt und schmökern Sie darin. Belegen Sie einen Fortbildungskurs Ihrer Wahl. Ein Klassenzimmer kann ein wunderbarer Ort sein, um mit Vertretern des anderen Geschlechts Kontakt aufzunehmen!

Auch Dienstleistungsorganisationen sind ein fruchtbarer Acker. Aus der gemeinsamen Arbeit für eine gute Sache kann im Handumdrehen eine nähere Bekanntschaft entstehen.

Vergessen Sie auch nicht die Kirche, in der Sie beten! Menschen, die Sie hier treffen, sind oft ernsthafter an einer dauerhaften Beziehung interessiert als Menschen in anderer Umgebung. Ein junger Soldat berichtete, für ihn sei die Kirche der beste Ort, um Frauen kennenzulernen. Seine dauerhaften und glücklichen Beziehungen begannen in der Kirche! (Ein weiterer Vorzug davon war, daß die Eltern der Mädchen ihn meist zum Sonntagsbraten einluden!)

Glauben Sie nicht, daß Sie besondere Fähigkeiten brauchen oder Voraussetzungen erfüllen müssen, um sich einer der oben genannten Gruppen oder Institutionen anzuschließen. Ein telefonisches Informationsgespräch genügt meist, um zu erfahren, welche weiteren Schritte zu unternehmen sind.

Vermittlung durch Freunde

In welcher Weise Sie Ihr Gesellschaftsleben auch erweitern wollen, eine Methode sollten Sie dabei nicht außer acht lassen. Greifen Sie auf Ihren bereits existierenden Bekanntenkreis zurück! Das ist oft ein aussichtsreiches Verfahren, auch wenn Sie vorher nicht wissen, mit wem Sie ›verkuppelt‹ werden. Da Freunde das Kennenlernen arrangieren, bevor Sie ihn oder sie kennenlernen, können Sie ziemlich sicher sein, daß Sie kein allzu großes Risiko eingehen!

Und Sie können Ihre Phantasie spielen lassen! Ein junger Mann sorgte dafür, daß ein befreundetes Ehepaar alleinstehende Frauen mit zu Konzerten oder Sportveranstaltungen brachte. Keiner der Beteiligten verriet dem Mädchen, daß der fremde junge Mann neben ihr dazugehörte; auf diese Weise wurde zunächst jeglicher ›Druck‹ vermieden und das Kennenlernen erleichtert.

Die Single-Szene

Bars stehen im allgemeinen im Ruf, Treffpunkte für flüchtige Begegnungen zu sein. Viele lehnen Bars ab, halten sie für ›Aufreißerläden‹, wo man sich nur ein kurzes ›Abenteuer‹ erhoffen kann. Tief im Herzen suchen wir alle nach einer dauerhaften Beziehung und wollen uns nicht mit Brosamen zufrieden geben, wenn wir das Festmahl wahrer Liebe zelebrieren können.

Tanzveranstaltungen haben einen weniger schlechten Ruf. Es ist allerdings nicht leicht, jemand bei einer Tanzveranstaltung kennenzulernen, da Sie einen Fremden ansprechen und das Eis brechen müssen. Haben Sie diese Scheu aber erst einmal überwunden, kann dies eine besonders angenehme (und erfolgreiche) Freizeitbeschäftigung sein.

Vermittlungsagenturen und Singleclubs sind gleichfalls geeignete Treffpunkte. Es ist jedoch anzuraten, solche Institute zu überprüfen, bevor man sich ihnen anschließt, um sicherzugehen, daß sie seriös sind. Singlegruppen, die an kirchliche Organisationen angeschlossen sind oder auf Initiativen der Gemeindeverwaltung zurückgehen, sind meist eine gute Wahl. Falls solche Agenturen jedoch gewinnorientiert sind, sollten Sie ein wenig vorsichtig sein. Seien Sie eher mißtrauisch bei kleinen Agenturen, die in kleinen Zeitungsannoncen werben und keine bekannten Filialen haben oder von denen Sie noch nie gehört haben.

Heiratsannoncen in Zeitungen und Zeitschriften werden immer häufiger. Früher galt dieser Weg als etwas zweifelhaft, heute probieren es respektable Leute aus allen Berufsbereichen und jeder Altersgruppe damit und oft mit großem Erfolg. Sollten Sie sich für diese Methode entscheiden, geben Sie Ihre Anzeige in einer angesehenen Publikation auf und studieren Sie andere Anzeigen, um sich zu informieren, was Sie sagen wollen. In Amerika gibt es eine große Single-Publikation, das *National Singles Register,* das zweimal monatlich in Norwalk, California erscheint. Darin werden immer wieder Erfolgsmeldungen glücklich verheirateter Paare veröffentlicht, die sich durch Inserate kennengelernt haben. Die Adresse: P. O. Box 567, Norwalk, California, 80650.

Ein Wort an die Schüchternen

Die Autoren sind sich darüber im klaren, daß manche unserer Leser aufgrund ihrer übermäßigen Schüchternheit nur sehr schwer einen Anfang finden. Das ist kein Grund, sich zu schämen! Schüchternheit ist weit verbreitet. Viele, viele Menschen (mehr als Sie denken) haben so große Ängste, anderen zu begegnen, daß Sie sich ständig in ihren vier Wänden verschanzen. Wir verstehen Ihr Problem. Wenn es Ihnen schwerfällt, die Initiative zu ergreifen, wollen wir Ihnen einige Vorschläge machen:

Üben Sie zunächst, per Telefon Kontakt aufzunehmen. Und wenn Sie die Auskunft anrufen und sich nach einer beliebigen Telefonnummer erkundigen. Als nächsten Schritt üben Sie, eine Buchhandlung anzurufen und zu fragen, welche Bücher zu einem bestimmten Thema vorrätig sind, oder rufen Sie Firmen aus dem Branchenverzeichnis an und fragen nach der Art ihrer Dienstleistungen und dem Preis. Je lockerer Sie sind, desto phantasievoller werden Sie in Ihrer Fragestellung.

Wenn Sie das Gefühl haben, soweit zu sein, daß Sie Menschen von Angesicht zu Angesicht gegenübertreten können, versuchen Sie ein Gespräch in einem Feinkostgeschäft, einer Bibliothek, einem Restaurant oder jeder anderen öffentlichen Institution. Sie können Verkäufer bitten, Ihnen bei der Auswahl einer bestimmten Ware zu helfen oder fragen, welche Artikel auf Lager sind. Schließlich können Sie Passanten nach der Uhrzeit oder nach einer bestimmten Straße fragen.

Seien Sie nicht verlegen, wenn Sie zu so scheinbar einfachen Schritten greifen müssen, um Ihr Selbstvertrauen zu steigern. Denken Sie an Demosthenes, den berühmten griechischen Volksredner, der zunächst große Schwierigkeiten bei öffentlichen Auftritten hatte. Er übte für sich allein am Meeresstrand, nahm Kieselsteine in den Mund und bemühte sich, dennoch deutlich zu sprechen und die tosende Brandung zu übertönen. Mit solcher Ausdauer schaffen auch Sie es, Ihr Selbstvertrauen zu steigern!

Schließlich kommt auch für Sie der Zeitpunkt, an dem Sie bereit sind, sich mit jemand zu treffen. Wenn es soweit ist, es Ihnen aber noch immer schwerfällt, jemand direkt anzusprechen, könnten Sie einen Freund bitten, daß er Ihnen ein Rendezvous mit einer/einem Unbekannten verschafft. Scheuen Sie sich nicht, diese Möglichkeit häufig zu nutzen. Warum? Je mehr Übung, desto selbstsicherer werden Sie. Wenn Sie fürchten, daß Ihnen irgendwann der Gesprächsstoff ausgeht, schreiben Sie etwaige Themen auf und tragen Sie die Liste bei sich. Wenn Sie nicht mehr wissen, was Sie aufgeschrieben haben, entschuldigen Sie sich einen Augenblick und ziehen insgeheim Ihre Liste zu Rate.

Denken Sie daran, auch schüchterne Menschen finden ihren Traumpartner! Anfangs mögen Sie vielleicht kleine Schritte machen, aber diese kleinen Schritte helfen Ihnen, Ihr Ziel zu erreichen, so sicher wie die großen, solange Sie üben. Wenn Sie zunächst keinen Erfolg haben, heißt es üben, üben, üben! Viel Glück und Weidmannsheil!

Kapitel 3

Initiative ergreifen

Prinzip: Menschen sind wie Spiegel; sie
spiegeln das wider, was andere ihrer Meinung
nach über sie denken.

Ihr Wunschpartner wartet irgendwo auf seine große
Liebe! Das Wunder ist, daß *Sie* diese große Liebe sein können! Sie brauchen bloß die Initiative ergreifen. Der andere
ist bereits programmiert, darauf zu reagieren. Menschen
zeichnen sich dadurch aus, daß sie Gefühle der Liebe erwidern, die sie als echt erkennen. Sie sind aufgefordert
(1) sich zu vergewissern, daß Ihre Liebe echt ist und (2) daß
Sie diese Liebe wirksam kommunizieren. Beide Punkte
setzen voraus, daß Sie von Anfang an die Kontrolle über
die Situation übernehmen und nichts dem Zufall überlassen.

Natürlich ist es leichter, sich zurückzulehnen und Fehl-
schläge in der Liebe Ihrer schlechten astrologischen Ster-
nenkonstellation zuzuschreiben (»...ach übrigens, welches Sternzeichen sind Sie eigentlich?«); doch das eigentliche Problem ist Ihre Tatenlosigkeit. Wie Shakespeare so
weise sagt: »Der Fehler, lieber Brutus, liegt nicht in unseren Sternen, sondern in uns selbst...« Sie ganz allein halten den Schlüssel zu Ihrem Erfolg in Händen. Sie müssen
dazu entschlossen sein, diesen Schlüssel umzudrehen,
zumal in dieser – der bedeutendsten Herausforderung
Ihres ganzen Lebens.

Wir, die Autoren dieses Buches, können Ihnen Geheimnisse verraten, *was* zu tun ist, aber nur *Sie* können es dann
wirklich *tun*. Schon in diesem Frühstadium dieses Buches
sollten Sie sich das Motto zu eigen machen: »Wenn es sein
soll, so liegt es an mir!«

Liebestaktik Nr. 7:
Zeigen Sie als Erste(r) Interesse für den anderen

Ein für unsere Belange angenehmer Zug der menschlichen Natur besteht darin, daß uns oft Menschen auffallen und wir uns zu denen hingezogen fühlen, die echtes Interesse an *uns* haben! Wenn Sie feststellen, daß jemand Sie vom anderen Ende eines Raumes her beobachtet, stockt Ihnen eine Sekunde lang der Atem. Wir alle sind anfällig für diese Form der Aufmerksamkeit. *Man nimmt jemand nicht für sich ein, wenn man ihm oder ihr schöne Dinge über sich selbst erzählt, vielmehr damit, wenn man den anderen wissen läßt, daß man einen positiven Eindruck von ihm hat.*

Menschen reagieren wie Spiegel. Wußten Sie, daß unsere Einstellungen und unsere Verhaltensweisen anderen gegenüber zum großen Teil davon bestimmt sind, wie andere uns zuerst behandeln? Das, was wir über andere denken, ist meist eine Spiegelung unserer Meinung, wie andere von uns denken!

Wen lächeln Sie gern an? Doch solche Menschen, die zunächst Sie anlächeln! Und neigen Sie nicht dazu, dem keine Sympathie entgegenzubringen, von dem Sie meinen, er oder sie könne Sie insgeheim auch nicht leiden? Die wichtigste Erkenntnis allerdings ist die, daß Sie Menschen *lieben,* von denen Sie glauben, geliebt zu werden!

Das Geheimnis, die Liebe eines anderen zu gewinnen, besteht also zunächst darin, ihn/sie von Ihrer aufrichtigen Liebe zu überzeugen! Wenn Sie in der Liebe Erfolg haben wollen, müssen Sie mehr sein, als nur ein Spiegel. Sie müssen *agieren,* nicht *reagieren!* Sie wollen, daß Liebe aus *Ihnen* strömt, nicht bloß von Ihnen reflektiert wird! Das erfordert Geduld und Selbstkontrolle, was wiederum der Schlüssel dazu ist, den Wunschpartner zu erobern.

Wie oft im Leben sitzen wir da und warten auf ›Herrn oder Frau Richtig‹, die uns zeigen, wie viel wir ihnen bedeuten, bevor wir bereit sind, unsere Sympathie ihm oder ihr zu zeigen. Wir müssen eins wissen: alle Menschen tun das gleiche! Niemand (oder nur sehr wenige Ausnahmen) will den ersten Schritt tun, wegen der damit verbundenen Mühe und Last.

Wenn Sie nur tatenlos darauf warten, daß Ihr Traumpartner plötzlich vor Ihnen steht, können Sie möglicherweise lange warten! Aber es ist nicht nötig, Ihr Liebesleben einem zufälligen Schicksal zu überlassen. Nutzen Sie Ihre Chancen! Es gibt eine Menge Leute, die auf Sie fliegen, wenn Sie nur den Mut haben, den ersten Schritt zu tun.

Interesse an der anderen Person zu zeigen bedeutet zunächst, der erste zu sein, der: (1) lächelt; (2) mit dem anderen Augenkontakt aufnimmt; (3) einen verbalen Gruß ausspricht; (4) den Versuch macht, ein Gespräch zu beginnen; und (5) ein gemeinsames Treffen vorschlägt. *Geben Sie nicht nach, auch wenn Sie keine unmittelbare Reaktion erhalten.*

Deutliches Interesse an jemand zu zeigen, ist der *erste Schritt* zu seinem Herz. Damit wird sein Verlangen nach Aufmerksamkeit erfüllt (*jeder* Mensch braucht Aufmerksamkeit!), und der Weg zu weiterem Kennenlernen ist geebnet. Vergessen Sie nur nicht, daß es keine Gewähr für unmittelbaren Erfolg gibt. Der stellt sich ein, wenn die Zeit dafür reif ist. Unterdessen lassen Sie nicht nach in Ihrem Interesse, wenn Sie Ihre Fähigkeiten in fortgeschritteneren Techniken entwickeln.

Liebestaktik Nr. 8:
Ein Rendezvous nach dem anderen

FRAGE: Wie ißt man einen Elefanten?
ANTWORT: Mit einem Bissen nach dem andern.

FRAGE: Wie gewinnt man das Herz eines anderen?
ANTWORT: Mit einem Rendezvous nach dem anderen.

Sobald Sie die Aufmerksamkeit eines anderen durch Ihr Interesse an ihm auf sich gelenkt haben, ist der Zeitpunkt gekommen, die Beziehung aufzubauen. Das geschieht, wenn zwei Menschen gewisse Zeitabschnitte ausschließlich miteinander verbringen. Ein Rendezvous ist ganz einfach eine Gelegenheit, mit Ihrem Wunschpartner auf privater Ebene zu interagieren.

Das erste Rendezvous kann für beide Beteiligten unerquicklich sein, da man sich gewöhnlich gegenseitig zögernd abtastet. Sie lernen den anderen kennen, erfahren etwas über seine Neigungen, Abneigungen, Eigenarten und andere Dinge, die Sie bislang nicht kannten. Dadurch kann das erste Rendezvous auch sehr interessant werden. Seien Sie natürlich, ohne gleich Ihre Fehler und Selbstzweifel preiszugeben. Die haben wir zwar alle, doch Sie wollen dem anderen gewiß den Eindruck vermitteln, einen angenehmen Abend mit einem selbstbewußten Menschen zu verbringen.

Wenn Menschen Zeit miteinander verbringen, geschieht etwas Magisches. Sie gewöhnen sich aneinander. Es entsteht eine psychologische Bindung. Magnetische Kräfte zwischen Menschen sind wohl realer, als gemeinhin angenommen wird!

Machen Sie bloß nicht den Fehler, den Terminkalender Ihres Wunschpartners zu sehr für sich in Beschlag zu nehmen! Es ist riskant, mehr als eine Verabredung zu planen. Das kann einen potentiellen Partner abschrecken, bevor der Bindungseffekt eingesetzt hat. Geben Sie sich aber auch nicht mit weniger als einem echten Rendezvous zufrieden. Eine Beziehung vertieft sich nicht, nur weil Sie dem anderen im Unterricht, am Arbeitsplatz oder in einer anderen neutralen Umgebung immer wieder begegnen. Dadurch baut sich nicht genügend Spannung auf, um eine Beziehung in Gang zu setzen.

Fassen Sie also beim ersten Rendezvous Ihre Ziele ins Auge. Bleiben Sie am Ball, bis der Erfolg sich einstellt. Nicht mehr, nicht weniger. *Nach* der ersten Verabredung, wenn Sie etwas Zeit gehabt haben, Ihre Eindrücke zu verdauen, peilen Sie das nächste Treffen an. Erzwingen Sie nicht überstürzt zu große Nähe. Wenn Sie sich auf ein Rendezvous nach dem anderen konzentrieren, bauen Sie die Beziehung auf (in einem so gemächlichen Tempo, daß Sie Ihren Wunschpartner nicht in die Flucht schlagen).

Da gibt es die Geschichte des Araberscheichs, der eine Reise in eine entfernte Stadt unternahm, die ihn durch eine weite Wüste führte. Unterwegs kam ein Sandsturm auf; er mußte sein kleines Reisezelt aufschlagen und suchte darin Zuflucht. Der Sturm rüttelte wütend an seinem Zelt, doch er saß unbehelligt und geborgen im Innern. Da hörte er eine bittende Stimme von draußen. Es war die Stimme seines Kamels.

»Ach gütiger Herr«, bat das Kamel. »Der Sturm treibt mir den stechenden Sand ins Gesicht. Dürfte ich wohl Nase und Mund ins Innere deines Zeltes stecken, um sie zu schützen?«

Der Scheich, gerührt von der Bescheidenheit seines treuen Kamels, dachte: »Gewiß verdient mein treuer Diener, der mich unermüdlich und klaglos durch die sengende Wüste trägt, etwas Schutz vor diesem höllischen Sandsturm.« Und er gestattete ihm, Mund und Nase durch den Zeltschlitz zu stecken.

Nach einer Weile sagte das Kamel: »O Gebieter, ich danke Euch, edler Herr für die Erleichterung, die Ihr mir durch Eure Güte und Barmherzigkeit gewährt. Wäre es vielleicht möglich, daß ich auch meine Augen vor dem stechenden Sand schütze...?«

Um eine lange Geschichte kurz zu fassen: der Scheich fand sich alsbald schutzlos den Naturgewalten ausgeliefert und fragte sich, wie es dazu gekommen war, daß er zugelassen hatte, mit dem Kamel den Platz zu tauschen! Die Antwort: Das Kamel bat jedesmal nur um eine ganz bescheidene Gunst. Je kleiner die Bitte, desto schwerer, sie abzuschlagen!

Genauso verhält es sich beim Aufbau einer Beziehung.

Um es richtig zu machen, verbringen Sie mit Ihrem Wunschpartner *immer wieder* etwas Zeit. Dazu ist häufiges Beisammensein nötig. Bitten Sie aber jedesmal nur um ein einziges Wiedersehen. Falls Ihr Wunschpartner zögert, Ihnen auch das erste Rendezvous zu gewähren, seien Sie kreativ. Lassen Sie sich etwas einfallen, was Sie mit ihr/ihm unternehmen können, und wenn es nur eine Viertelstunde dauert! So können Sie ihn/sie beispielsweise zu einem kleinen Eisbecher ins Café nebenan einladen mit der Zusicherung, ihn/sie danach sofort wieder zu Hause abzusetzen. Wer könnte so kaltherzig sein, diese bescheidene Bitte abzuschlagen? Und Sie kommen Ihrem Ziel einen kleinen Schritt näher.

Wer fragt wen?

Ein weit verbreiteter Fehler besteht darin, den anderen unbedingt dahin zu bringen, die Einladung zu einer Verabredung auszusprechen! Eine junge Frau berichtete, sie hatte einen Mann im Büro kennengelernt, der ihr ausnehmend gut gefiel und bald zu ihrem Wunschpartner wurde. Sie bemühte sich, ihm ihr Interesse zu verstehen zu geben. Er behandelte sie sehr zuvorkommend im Büro, ignorierte allerdings ihre Andeutungen und bat sie nie, mit ihm auszugehen.

Ihr wurde klar, daß die Beziehung sich nur dann entwickeln konnte, wenn sie privat Kontakt miteinander bekämen, war jedoch irrtümlich der Meinung, sie müsse *ihn* dazu animieren, den ersten Schritt zu tun. Also schrieb sie ihm einen Zettel mit dem Wortlaut: »Larry, ich freue mich, Ihre Bekanntschaft gemacht zu haben und würde Sie gern näher kennenlernen«, versah die Notiz mit Unterschrift und Telefonnummer in der Hoffnung, daß *er* den ersten Schritt tun und *sie* bitten würde, mit ihm auszugehen.

Das ist der falsche Weg. Wenn Sie jemand näher kennenlernen wollen, übernehmen Sie die Verantwortung und fassen Sie sich ein Herz, eine Einladung auszusprechen. Dem anderen die Initiative zuzuschieben, ist *nicht* der Weg zum Erfolg. Wie Sie vielleicht vermutet haben, klappte die Sache nicht. Larry erwähnte nicht einmal, die Notiz bekommen zu haben. Sie fühlte sich elender als zuvor!

Den ersten Schritt tun...

Eine Beziehung anzubahnen gleicht einem ersten Gehversuch. Haben Sie nur diesen ersten Schritt im Auge. Wenn Sie versuchen, zuviel auf einmal zu wollen, stolpern und fallen Sie auf die Nase.

Gelegentlich kann es vorkommen, daß auch dieser erste Schritt (das erste Rendezvous) nicht gelingt. Das ist nicht schlimm! Lassen Sie sich nicht beirren! Ohne diesen ersten Schritt kommen Sie nirgendwo hin. Bemühen Sie sich also um dieses erste Rendezvous, bis Sie es bekommen. Jeder Mensch mit ein bißchen Erfahrung wird Ihnen sagen, daß es nicht immer klappt. Selbst die begehrenswertesten Menschen müssen Hindernisse überwinden. Versuchen Sie also, Absagen nicht persönlich zu nehmen.

Machen Sie es wie Ike

Der ehemalige Präsident Dwight D. Eisenhower machte die gleiche frustrierende Erfahrung, als er in seiner Jugendblüte die Dame seines Herzens erobern wollte. Seine Traumfrau sagte ihm, sie sei nicht nur das *nächste* Wochenende, sondern die *nächsten drei Wochenenden* ausgebucht!

Jeder normale Mann hätte den Wink verstanden und den Fall ad acta gelegt. Dwight aber war kein normaler Mann und beschloß zu *agieren*, statt zu *reagieren!* Er war entschlossen, dieses Rendezvous zu bekommen und gab nicht nach, bis Mamie schließlich für das vierte Wochenende zusagte. Der Rest ist Geschichte!

Manchmal ist ein erstes Rendezvous nicht leicht zu bekommen, manchmal ist es aber auch das zweite, das Schwierigkeiten macht! Oder beide sind ein Flop! Oder... Denken Sie nur immer daran, das wichtigste Treffen, auf das Sie sich konzentrieren wollen, ist das nächste! Wenn Sie dabei bleiben und schrittweise vorgehen (gleichzeitig alle anderen Taktiken dieses Buches beherzigen und anwenden), bricht schließlich der Widerstand Ihres Wunschkandidaten und er wird zu Wachs unter Ihren Händen! Der Start eines Unternehmens ist immer der schwierigste Schritt. Ein weiser Mann sagte einmal: »Die Sache, an der wir weiter arbeiten, wird immer leichter. Nicht das Wesen der Sache hat sich verändert, nur unsere Fähigkeit damit umzugehen, ist gewachsen!«

Liebestaktik Nr. 9:
Hüten Sie sich vor Trotzhaltung

Der schwierigste Aspekt bei der Anbahnung einer Beziehung, wenn wir Interesse am anderen zeigen, ist unsere extreme Verletzlichkeit. Macht unser Wunschpartner keinerlei Anstalten, unser Freundschaftsangebot zu erwidern, schämen wir uns.

Unsere erste, impulsive Reaktion ist dann schnelles Handeln. Wir versuchen, unsere Beschämung zu vertuschen und möglichst unser Gesicht zu wahren. Gewöhnlich ziehen wir uns aus dem Wettbewerb zurück oder noch schlimmer, wir versuchen uns an dem, der uns zurückgewiesen hat, schadlos zu halten. Wir brüskieren ihn oder sprechen abwertend über ihn. Solches Trotzverhalten fällt leider auf uns zurück und verschlimmert die Situation. Was viele Menschen nicht begreifen: Zurückweisung kann nahezu immer durch Geduld und Ausdauer überwunden werden. Sie fahren also besser, wenn Sie weiterhin die

Grundbedürfnisse Ihres potentiellen Auserwählten nach Aufmerksamkeit, Verständnis, Akzeptierung, Anerkennung und Zuneigung erfüllen, auch wenn er/sie Ihre diesbezüglichen Wünsche vernachlässigt. Es bedarf des Mutes und der inneren Kraft, um anderen ein wahrer und vorbehaltloser Freund zu sein, doch es zahlt sich schließlich aus!

Lord Melbourne sagte einmal: »Weder Mann noch Frau sind etwas wert, bevor sie nicht entdeckt haben, daß sie Narren sind... (und) je früher sie diese Entdeckung machen, desto besser, da sie dadurch Zeit und Kraft gewinnen, Nutzen daraus zu ziehen.« Fürchten Sie sich also nicht davor, wie ein Narr dazustehen! Diese Angst lähmt nur Ihre Fähigkeit, auf andere zuzugehen. Und nur, wenn wir immer wieder auf andere zugehen, können wir erreichen, daß sie größeres Vertrauen in uns fassen. An Zurückweisung ist nichts Beschämendes! Stehen Sie sie durch! Alle großen Menschen haben Zurückweisung erfahren und interessanterweise meist im direkten Verhältnis zu ihrer Größe!

Wenn wir offen und empfänglich für andere Menschen bleiben, auch auf die Gefahr hin, zurückgewiesen zu werden und uns zu blamieren, zeigen wir unsere Aufrichtigkeit und wahre Charakterstärke. Das ermuntert andere, sich uns gegenüber in gleicher Weise zu öffnen.

Trotzverhalten gegen den, der Sie verletzt, weil er Ihre Aufmerksamkeit nicht erwidert, ist gewiß die falsche Antwort. Das vergrößert die Distanz und bestärkt den anderen in seiner/ihrer ursprünglichen Abwehrhaltung. Wenn wir nach dem Motto handeln: »Wenn du mich nicht willst, will ich dich auch nicht«, geben wir damit deutlich zu verstehen, daß wir nur eine begrenzte Fähigkeit zu echter Freundschaft besitzen. Tief im Innern hat Ihr Wunschpartner das Bedürfnis nach einem Menschen mit *Stehvermögen,* jemand, der zu ihm hält und ihn liebt, auch wenn er sich mal nicht von seiner liebenswürdigen Seite zeigt. Wenn der andere also Widerstand leistet, steigt Ihre Chance, diesen Widerstand zu brechen, wenn Sie keine Trotzhaltung an den Tag legen. Bekämpfen Sie Feuer nicht mit Feuer, sonst brennen Sie das ganze Haus nieder! Brechen Sie den Widerstand mit Toleranz und Liebe. Vor einigen Jahren gab es einen Schlager mit dem Titel: ›Liebe ist Hingabe‹. Damit soll gesagt werden, daß nur der zu echter Zuneigung fähig ist, der sein Ego und seinen falschen Stolz aufgibt. Bemühen Sie sich, vorbehaltlose Freundschaft zu geben und an diesem Grundsatz festzuhalten, auch wenn es einmal hart auf hart kommt. Reagieren Sie nicht trotzig, nur weil die aufrichtige Liebe, die Sie für jemand empfinden, nicht tief genug ins Herz des anderen eindringt.

Sich von Zurückweisung erholen

Wer Sie auch sein mögen, ein gewisses Maß an Zurückweisung muß jeder von uns im Bemühen, das Herz eines anderen zu gewinnen, einstecken. Wenn nicht gleich zu Beginn, so kommt es irgendwann später dazu. Lassen Sie sich davon nicht beirren. Greifen Sie um Himmels willen nicht zu negativen Gegenmaßnahmen, wenn Sie eine Zurückweisung einstecken mußten! Damit richten Sie Ihr verwundetes Ego zwar vorübergehend ein wenig auf, verspielen aber eine gute Chance, eine erfolgreiche Beziehung aufzubauen. Große Siege in der Liebe sind immer mit einem Quentchen Leid verbunden. Kein Leid, kein Freud. Kein Krieg wurde je ohne Niederlage gewonnen; deshalb dürfen Sie sich nicht völlig entmutigen lassen und den Kampf aufgeben, nur weil eine Schlacht für Sie in einer Niederlage endete. Vergessen Sie nicht, »du bist nicht geschlagen, bevor du nicht aufgibst!« Und wir haben gute Nachricht für Sie: Sie stehen erst am Anfang!

Erinnern Sie sich, daß wir gesagt haben, Menschen sind wie Spiegel? Das gilt auch für diesen Aspekt. Verlassen Sie sich darauf: das, was Sie anderen vermitteln, kommt zu Ihnen zurück. Wenn Sie durch Ihren Trotz Abwehrschranken aufbauen, erreichen Sie damit nur, daß der andere seine Schranken aufrechterhält. Begegnen Sie einer teilnahmslosen Reaktion vielmehr mit vermehrter Liebe, Freundlichkeit und Aufmerksamkeit. Seien Sie weiterhin positiv, auch wenn andere negativ reagieren. Vergelten Sie Böses mit Gutem, wie es in der Bibel heißt. Öffnen Sie Ihre Abwehrschranken. Liefern Sie anderen keinen Grund, um ihrerseits Schranken aufzubauen und Sie werden feststellen, daß deren Schranken sich zur rechten Zeit öffnen! Wie der Psychoanalytiker und Philosoph Erich Fromm richtig bemerkte, ist das Verlieben in Wahrheit nur ›das plötzliche Fallenlassen von Schranken‹ zwischen zwei Menschen.

Wenn Sie sich einem anderen Menschen öffnen, zeigen Sie damit, daß Sie mehr an der *Person* interessiert sind, als an deren momentaner Reaktion Ihnen gegenüber. Langfristig bewirkt eine solche Haltung garantiert positive Veränderungen im Verhalten des anderen Ihnen gegenüber!

Kapitel 4

Machen Sie sich die Zeit zum Verbündeten

Prinzip: Je länger eine Beziehung wachsen und reifen kann, desto stärker die emotionale Bindung, die zwei Menschen füreinander empfinden.

James Thurber sagte einmal: »Liebe ist das, was Sie mit einem Menschen durchgemacht haben.« Wenn Sie über diese Worte nachdenken, werden Sie zustimmend nicken. Natürlich lieben wir die, mit denen wir unser Leben verbringen! Und je länger wir mit jemand gelebt haben, desto tiefer geht die Liebe! Was hält Familien zusammen, deren Persönlichkeiten und Temperamente so verschieden sind, daß sie unter anderen Umständen vermutlich nicht zueinander gefunden hätten? Es ist die *gemeinsame Erfahrung* – das Gute und das Schlechte! Je mehr sie miteinander durchgemacht haben, desto stärker die Bindung! Fragen Sie jemand, der nach 50 Ehejahren verwitwet ist und er/sie wird Ihnen das bestätigen!

Tag um Tag, nach und nach, verweben sich die Fäden der gemeinsamen Erfahrung zu einem dichten Netz, das die Betroffenen unmerklich enger aneinander bindet, so daß sie die Bindung erst bemerken, wenn sie zum ersten Mal versuchen, sich daraus zu lösen. Die unproblematische Lösung aus einer Bindung hängt zum großen Teil davon ab, welche Erfahrungen im Verlauf der Beziehung miteinander geteilt wurden. Das wiederum hängt davon ab, wieviel Zeit eine gemeinsame Erfahrung in Anspruch genommen hat. Je länger eine Beziehung wachsen konnte, desto stärker ist sie. George Washington sagte einmal: »Freundschaft ist eine langsam wachsende Pflanze.«

Liebestaktik Nr. 10:
Lassen Sie sich Zeit!

Ehe-Experten sagen, die stärksten und glücklichsten Ehen seien die, bei denen die Paare sich mindestens ein Jahr Zeit gelassen haben, um einander kennenzulernen, bevor sie sich das Jawort gegeben haben. Nehmen wir das Beispiel von Theodore Roosevelt (bekannt für sein leidenschaftliches Temperament). Er brauchte eineinhalb Jahre, bis er eine gute, feste Beziehung zu seiner Auserwählten aufbauen konnte. Später sagte er stolz, daß seine Verehrung für sie nahezu grenzenlos war! Und das, obwohl sie ihn während der ganzen Dauer seines glühenden Werbens auf Distanz hielt!

Hätte sie ihm ihre Bereitschaft durch ein mündliches Versprechen oder ihre körperliche Hingabe zu rasch gezeigt, wäre seine Leidenschaft für sie gewiß nicht so groß gewesen.

Es ist sogar anzunehmen, daß seine Leidenschaft der Grund für ihr Zögern war, bevor sie schließlich doch nachgab und einwilligte.

Theodore Roosevelt kannte die Frustration des Wartens und der Bemühungen um die Gunst seiner Auserwählten. Bereits beim Kennenlernen wußte er, daß sie die richtige Frau für ihn war. Seinem Tagebuch vertraute er an, »sie zu erobern ist mein Ziel, wenn es gelingt«. Und dennoch sollten eineinhalb Jahre vergehen, ehe ihre Beziehung eng genug war, daß sie ihm das Jawort gab.

Haben Sie schon einmal eine aufkeimende Liebesgeschichte zu sehr forciert? Das ist ein weit verbreiteter Fehler. Da Beziehungen sich mit der Zeit festigen, liegt das Erfolgsgeheimnis darin, einer Freundschaft so lange wie möglich Raum zur Entwicklung zu geben, *ohne den potentiellen Liebespartner zu verschrecken!* Leider versuchen die meisten von uns, den Auserwählten so früh wie möglich in eine Bindung zu drängen. Das kann bedrohlich und beängstigend wirken. Warum? Die Menschen bekommen dadurch das Gefühl, in die Ecke gedrängt zu werden; sie suchen nach einer Fluchtmöglichkeit. Überläßt man es den Menschen allerdings, sich in ihrem eigenen Tempo zu entwickeln, bringt der natürliche Verlauf der emotionalen Entwicklung Gefühle der Gewöhnung und des Wohlbehagens in der Bindung mit sich.

Vergleichen Sie Ihre Bemühungen um Ihren Wunschpartner mit dem Angelsport. Wenn Sie Ihren Angelhaken auswerfen und beim ersten zaghaften Anbeißen des Fisches zu stark anreißen, kriegen Sie ihn nie an Land. Natürlich ist man versucht, schnell anzuziehen! Wenn Sie aber zu schnell sind, spuckt der Fisch den Haken wieder aus, bevor er den Köder richtig geschluckt hat. Geduld lautet also die Devise, wenn Angelhaken und Köder ausgeworfen sind. Ähnliches empfiehlt sich beim Liebeswerben! Geduld − Ihr ›Fisch‹ wird den Köder schlucken und fest an Ihrer Angel hängen. Verstehen Sie die Analogie? Warten Sie, bis eine gute, starke Beziehung entstanden ist, bevor Sie Ihren Schatz an Land ziehen.

Bindungsangst

Warum wehren Menschen sich dagegen, Beziehungen einzugehen? Laufen sie etwa vor der Liebe davon? Nein. Menschen laufen vor der Verantwortung weg, *nicht* davor, geliebt zu werden. Erst wenn sie beginnen, sich durch die Liebe verpflichtet zu fühlen, gehen sie auf Distanz. Und wenn wir durchblicken lassen, daß wir jemand in unsere zukünftigen Pläne einbeziehen, so befiehlt der natürliche Schutzmechanismus des Betroffenen ihm, so schnell und so weit fortzulaufen, wie er nur kann.

Es gab einmal einen jungen Mann, der das Leben eines Schwindlers führte. Er reiste unter einer Reihe falscher Namen durchs Land. Während einer solchen Reise lernte er ein Mädchen kennen. Zunächst nutzte er auch ihre Leichtgläubigkeit aus und betrog sie, wie so viele andere vor ihr, doch bald wurde ihm klar, daß seine Gefühle für sie anders waren als bisher. Er verliebte sich wirklich in das Mädchen und spürte das starke Verlangen, ›anständig‹ zu werden und sie zu heiraten. Das bedeutete eine völlige Abkehr von seinem bisherigen Leben, und er hatte keinen Zweifel darüber, daß es ihm mit diesem Bedürfnis ernst war.

Er legte dem Mädchen ein volles Geständnis ab und bat sie, ihn zu heiraten. Sie erschrak über seine Beichte so sehr, daß sie die Polizei rief! Ihm blieb nichts anderes übrig, als das nächste Flugzeug zu besteigen und seine Haut zu retten. Er hatte nicht viel Zeit, seiner verlorenen Liebe nachzuweinen.

Die große Erkenntnis

Als er im Flugzeug saß, machte der junge Mann eine interessante Beobachtung. Er hatte ein unbestimmtes Gefühl, das er nicht recht deuten konnte. Noch vor wenigen Stunden hatte er sich nichts sehnlicher gewünscht, als dieses Mädchen zu heiraten, doch seine Hoffnung war geplatzt wie eine Seifenblase. Aber was war das für ein Gefühl? Er empfand keine wirkliche Enttäuschung. Er kochte nicht vor Zorn... und dann dämmerte es ihm. Es war *Erleichterung!* Er hatte es wirklich ehrlich gemeint, sie zu heiraten, aber die Wahrheit war auch, daß er *sehr froh war, es nicht tun zu müssen!* Aufatmend stellte er fest, daß Kräfte, auf die er keinen Einfluß hatte, sein Herz befreit hatten, und er nicht länger durch Emotionen oder Verpflichtungen gebunden war. Er hatte seine Freiheit wiedergewonnen.

Der springende Punkt an der Sache ist, daß wir *zwei widersprüchliche Wünsche gleichzeitig* haben können. Einer ist gewöhnlich etwas stärker als der andere, und vor dem nehmen wir uns besonders in acht. Einerseits wollen wir frei und ungebunden sein, andererseits sehnen wir uns nach Zugehörigkeit. Wenn Sie also versuchen, das Herz eines anderen zu gewinnen, *dürfen Sie dessen Wunsch nach Freiheit nicht unberücksichtigt lassen* (auch wenn dieser Wunsch nicht deutlich zur Sprache kommt). Deshalb ist es so wichtig, sich Zeit zu lassen. Sie wollen jemand doch nicht verschrecken, bevor er/sie bereit ist, sich zu binden.

Wie verhalten Sie sich? Sie zügeln Ihr Verlangen, ständig mit dem anderen zusammen sein zu wollen. Lassen Sie ihn im Glauben, Sie seien nur begrenzt an einem Wiedersehen interessiert − treffen Sie ein, zwei Verabredungen, mehr nicht. Geben Sie ihm das Gefühl, es sei Ihnen nicht allzu ernst mit der Sache. Das bedeutet allerdings nicht, daß Sie aufhören, ihm/ihr Aufmerksamkeit zu schenken. Es bedeutet lediglich, daß der andere sich über Ihre langfristigen Absichten nicht zu sehr im klaren sein darf.

Wenn jemand gern mit Ihnen zusammen ist, fühlt er seine Freiheit nicht bedroht. Jeder Mensch braucht genügend Luft zum Atmen. Es darf nicht der Eindruck entstehen, Sie würden vom anderen erwarten, daß er sein Leben und seine Zukunft ausschließlich mit Ihnen verbringt. Sonst kann es passieren, daß er/sie das Gefühl bekommt, zu ersticken und verzweifelt versucht, sich Ihrem Zugriff zu entziehen.

Solange Sie eine Person im Glauben lassen, daß die Beziehung zwanglos und beiläufig ist, haben Sie die Zeit auf Ihrer Seite. Denn der unterbewußte Prozeß der emotionalen Bindung fährt fort, das Herz des anderen für Sie zu erwärmen!

Keine Ungeduld

Angenommen, Sie versuchen alles richtig zu machen. Sie geben der Beziehung Zeit und Raum, sich zu entwickeln, bevor Sie das Element der Leidenschaft einbringen. Doch dann tritt eine unvorhergesehene Wende ein. Ein anderer Bewerber bemüht sich um die Gunst Ihres Herzbuben oder Ihrer Herzdame! Die neue Konkurrenz versetzt Sie in Alarmbereitschaft und Sie haben das Gefühl, die Sache vorantreiben zu müssen. Es packt Sie die ganz normale

Angst, Ihren Wunschpartner für immer zu verlieren, wenn Sie jetzt nicht schnell handeln!

Keine Panik! Kennen Sie die Geschichte von der Schildkröte und dem Hasen, die ein Wettrennen veranstalteten? Der Hase war absolut sicher, das Rennen zu gewinnen. Die Schildkröte machte sich unverdrossen auf den Weg, kroch über jedes Hindernis, ließ sich durch nichts beirren, gab nicht auf, trotzte allen Unbilden. Es mußte Momente gegeben haben, in denen sie sich sagte: »Wozu das Ganze? Ich schaffe es doch nicht«, da ihr Rivale einen so großen Vorsprung hatte. Doch am Ende stellte sich ihre zwar langsame, aber ausdauernde Art der Fortbewegung als die erfolgreiche heraus! Viele Menschen zerstören ihre Beziehungen immer wieder, ohne es zu wissen, weil sie die Dinge überstürzen, statt ein einziges Mal Geduld aufzubringen (drei bis vier Monate). Hätten sie primär eine solide Freundschaft im Auge gehabt, könnten sie heute glücklich verheiratet sein.

Was aber tun, wenn Rivalen auftauchen? Was tun, wenn der Rivale mit Ihrer Angebeteten eine Liebesbeziehung anknüpfen will? Auch wenn er anfänglich Erfolg haben sollte, fehlt dieser Beziehung die gesunde Basis und das wird sich zu gegebener Zeit erweisen. Der Rivale überstürzt die Dinge. Das wird Ihnen zum Vorteil geraten, wenn Sie sich wie die Schildkröte in der Fabel verhalten und ohne Eile, beharrlich und mit Überlegung weiterhin an der Beziehung arbeiten.

Ihr Rivale wird auf Hindernisse stoßen, das steht fest. Und dann wird ihm die Rechnung präsentiert, weil er versäumt hat, eine solide Freundschaft aufzubauen. Das ist der Zeitpunkt, an dem Sie auftreten und das Zepter wieder übernehmen! Wenn Ihr(e) Auserwählte(r) das Verlangen nach einem Menschen hat, der ihr/ihm wirklich zugetan ist und sie/ihn uneingeschränkt liebt, sind Sie zur Stelle, kehren die Scherben weg und tragen den/die Auserwählte(n) über die Ziellinie!

Sie werden Ihr Liebeserlebnis haben. Aber es kommt

zur rechten Zeit — später! — und wird um so mächtiger sein, zur Belohnung für Ihr geduldiges Warten!

Liebestaktik Nr. 11:
Seien Sie stets aufmerksam

Im *Kleinen Prinz* von Antoine de Saint-Exupéry wird die Bedeutung regelmäßiger, nahezu uhrgenauer Aufmerksamkeit für jemand, den Sie für sich gewinnen wollen, deutlich veranschaulicht. In diesem klassischen Gleichnis über die Liebe, trifft ein einsamer und mißtrauischer Fuchs einen kleinen Prinzen, der sich aufgemacht hat, um ›Freunde zu suchen‹. Auch der Fuchs hätte gern einen Freund (ist sich aber auch seines argwöhnischen Wesens bewußt). Er bittet den kleinen Prinzen, ihn zu zähmen. Doch der Prinz weiß nicht, wie er das anstellen soll und fragt den Fuchs, was er tun muß, um diese Bitte zu erfüllen.

Der Fuchs muß zwar seinen Instinkten gehorchen, weiß aber auch genau, wie er sie überlistet. Er erklärt also dem kleinen Prinzen, daß er für diese Aufgabe viel Geduld aufbringen muß. Er weist ihn an, sich in einiger Entfernung von ihm in eine Wiese zu setzen und ihn eine Weile zu beobachten. (Der Fuchs weiß, daß dadurch sein Verlangen nach Aufmerksamkeit gestillt, ohne daß sein Freiheitsraum beeinträchtigt wird.)

Der Fuchs erklärt dem kleinen Prinzen weiter, daß er sich seiner Anwesenheit wohl bewußt ist, daß er ihn heimlich aus den Augenwinkeln beobachtet, auch wenn der Prinz es nicht bemerkt. Wenn er bei seinen Zähmungsversuchen keine hastigen Bewegungen ausführt, wenn er jeden Tag wiederkommt und jedesmal ein kleines Stück näherrückt (um den Fuchs an die regelmäßige Zuwendung des kleinen Prinzen zu gewöhnen), werden sie mit der Zeit Vertrauen zueinander fassen. Der Fuchs fügt hinzu, daß der kleine Prinz seine Vorfreude erhöht, wenn er jeden Tag zur gleichen Stunde kommt.

Was hat das mit Ihnen zu tun? In Ihrem Bemühen, Ihren Auserwählten zu ›zähmen‹ und sein oder ihr Herz zu gewinnen, *erweisen Sie ihm regelmäßig Aufmerksamkeit!* Gewöhnen Sie Ihren Wunschpartner daran, Ihr Erscheinen zu erwarten, auch wenn er dieses Eindringen in seine Welt skeptisch ›aus den Augenwinkeln‹ verfolgt. Allmählich, wenn Sie keine heftigen oder indiskreten Schritte unternehmen, um das Objekt Ihrer Begierde ›einzufangen‹, wächst seine Neugier und es beginnt sogar, Ihren nächsten Besuch mit einem gewissen Maß an unbewußter Vorfreude zu erwarten!

Wenn Sie Ihre Aufmerksamkeit zu Beginn auf ein- bis zweimal pro Woche beschränken, ist das in Ordnung. Machen Sie sich das zur Gewohnheit, damit dem anderen etwas fehlt, wenn Sie einmal nicht da sind. Die Menschen gewöhnen sich mit der Zeit an das, was regelmäßig in ihrem Leben stattfindet, und akzeptieren es. Auch hier gilt, sich Zeit für die Entwicklung einer Beziehung zu nehmen, halten Sie sich aber an das Prinzip der *Regelmäßigkeit!*

Werden Sie zur Gewohnheit

Nichts ist so mächtig, wie die Macht der Gewohnheit, um das Verhalten eines anderen zu beeinflussen. Es gibt kein nützlicheres Werkzeug, um einen anderen zu manipulieren, das zu tun, was wir wollen. Kann aber ein Mensch tatsächlich daran gewöhnt werden, sich in Ihrer Gegenwart *wohl zu fühlen?* Die Antwort ist *ja!*

Der russische Naturwissenschaftler Ivan Pawlow wies anhand seiner berühmten Hundeversuche nach, daß durch Dressur oder Gewöhnung Reflexe entstehen. Pawlow fiel auf, daß sein Hund vermehrten Speichelfluß produzierte, wenn er gefüttert wurde. Er wollte wissen, ob der Hund zu programmieren sei, auch ohne Futter vermehrt Speichel zu produzieren. Pawlow läutete also jedesmal eine Glocke, wenn der Hund gefüttert wurde. Diese regelmäßige Gleichschaltung von Ereignissen setzte er über eine gewisse Zeitspanne fort. Dann betätigte er nur die Glocke und beobachtete den Hund, ohne ihn gleichzeitig zu füttern. Raten Sie, was geschah? Der Hund speichelte mit der gleichen erwartungsvollen Vorfreude, als würde ihm ein saftiges Stück Fleisch vorgesetzt!

Menschen machen ähnliche Erfahrungen, bisweilen ohne es zu bemerken. (Das muß nicht heißen, daß Ihrem Auserwählten bereits beim Gedanken an Sie das Wasser im Mund zusammenläuft, ist jedoch nicht auszuschließen.) Wenn Sie aber Ihrem Wunschpartner durch regelmäßige Telefonate, Besuche und gemeinsame Unternehmungen Aufmerksamkeit schenken, wird er oder sie sich unbewußt daran gewöhnen, regelmäßig Aufmerksamkeit von Ihnen zu erhalten. Wohin führt das? Der Betreffende gewöhnt sich daran, daß er sich in Ihrer Gegenwart wohlfühlt, also wird er sich unbewußt auf das nächste Beisammensein mit Ihnen freuen!

Liebestaktik Nr. 12:
Seien Sie beharrlich

Es ist nicht leicht, jemand Aufmerksamkeit zu schenken, der Sie loswerden will. Geben Sie sich jedoch nicht vorzeitig geschlagen! Jede Zuwendung, jeder Freundschaftsbeweis für einen anderen macht Eindruck, auch wenn das nicht direkt spürbar wird. Jede Bemühung um Ihren Wunschpartner bringt Sie dem Triumph einen Schritt näher, sein Herz zu erobern.

Eine andere berühmte Fabel erzählt von einer Krähe, die vor Durst fast umkam. Die Krähe erspähte einen stehengelassenen Krug, in dem sich ein bißchen Wasser befand. Sie steckte den Schnabel in die Öffnung, konnte das lebensrettende Naß jedoch nicht erreichen. Zunächst schien ihr Schicksal besiegelt; sie würde verdursten, obwohl die Rettung so nah war.

Doch da hatte die Krähe eine Idee. Sie warf einen Kieselstein in den Krug. Doch das Wasser stieg nicht an. In ihrer verzweifelten Lage fuhr sie fort, ein Steinchen nach dem anderen in den Krug zu werfen. Halb tot vor Durst stellte sie schließlich fest, daß das Wasser endlich so weit angestiegen war, daß sie ihren Schnabel eintauchen und trinken konnte.

Aufmerksamkeit schenken gleicht dem Vorgang, Steine in einen Wasserkrug zu werfen. Menschen haben einen unstillbaren Drang nach Aufmerksamkeit. Wenn dieses starke emotionale Bedürfnis immer wieder befriedigt wird, hat es einen extrem starken Rückkopplungseffekt. Ob die Menschen es zugeben oder nicht, sie lassen sich davon beeinflussen!

Zunächst gibt es vielleicht keinen sichtbaren Hinweis dafür, daß die Aufmerksamkeit, die Sie schenken, etwas bewirkt; seien Sie jedoch versichert, sie bewirkt etwas! Versuchen Sie es weiter. Der Aufwand an Zeit und Mühe, den Sie in eine Beziehung investieren, wird Ihnen letztlich hundertfach vergütet. Wenn Sie aber zu früh aufgeben, berauben Sie sich selbst der Rückflut an Liebe, die Ihnen unweigerlich zuteil wird!

Verzögerte Reaktion

Ein weiterer Grund, warum Beharrlichkeit so wichtig ist, ist der Effekt der *verzögerten Reaktion*. Seien Sie sich klar, daß Sie den wirklichen Wunsch haben, das Objekt Ihrer Zuneigung für sich zu gewinnen. Oft stellt sich die erwünschte Reaktion zwar ein, aber nicht so unmittelbar, um einen direkten Zusammenhang zwischen Ihrer Aktion und der Reaktion des anderen zu erkennen.

Nehmen wir ein Beispiel: Jim hat Susan kennengelernt, die ihm ausnehmend gut gefällt. Er würde sie gern näher kennenlernen. Stellen wir uns also vor, er bekundet bei einer ihrer ersten Begegnungen großes Interesse an ihr:

JIM: »Hallo Susan! Welche Überraschung, dich hier zu

treffen? Kommst du öfter hierher? Ich bin zweimal in der Woche hier. Dich habe ich hier aber noch nie gesehen...«

Susan erinnert sich zwar an Jim, hat aber nie mehr als ein paar Grußworte mit ihm gewechselt. Sein plötzliches Interesse bringt sie etwas aus der Fassung. Sie reagiert zögernd, weil sie die Situation nicht abschätzen kann. Ohne es zu beabsichtigen, wirkt sie abweisend.

SUSAN: »...ja, Tag. Äh, nein, ich komme selten!«

Jim bleibt Susans Reserviertheit natürlich nicht verborgen. Er bemüht sich dennoch um ihr Interesse, versucht weiterhin lächelnd, ein Gespräch in Gang zu bringen.

JIM: »Hast du Bill Smith oder Jan Greene mal getroffen? Ich habe die beiden eine Ewigkeit nicht gesehen. Möcht' bloß wissen, wo die stecken...«

Doch seine Bemühungen sind vergeblich. Jim ist sich bald darüber klar, daß Susan kein Interesse daran hat, sich mit ihm anzufreunden.

SUSAN: »Nein, ich habe die beiden auch nicht gesehen. Also, ich muß jetzt los...«

JIM: (immer noch freundlich lächelnd, kommt sich vor wie ein Idiot): »War wirklich nett, dich zu treffen! Grüß die anderen, wenn du sie triffst. Tschüs!«

SUSAN (erleichtert, daß diese unerwartete Begegnung so schnell zu Ende ist): »Mach ich... Tschüs...«

Hinterher denkt Jim: »Ist doch klar, daß sie nicht daran interessiert ist, mich kennenzulernen! Ich hab' mich mal wieder wie ein Trottel benommen. Ich finde sie nett und sie zeigt mir die kalte Schulter. Diesen Fehler mach' ich bestimmt nicht noch mal. Hab' verstanden, sie will nichts von mir wissen!«

Susan hat unterdessen etwas Zeit gehabt, die Begegnung zu verdauen und stellt hinterher fest, daß Jim ihr gefallen hat. »Der war ja richtig nett!« denkt sie. »Was für ein hübsches Lächeln! Ob er sich für mich interessiert? Bei nächster Gelegenheit versuche ich, ihn näher kennenzulernen!«

In den meisten Fällen kommt Susans Entscheidung leider zu spät. Der ursprünglich Interessierte hat sich bereits für eine kühlere, distanziertere (und weniger verletzliche) Haltung für künftige Begegnungen mit der Person entschlossen, die nicht sofort auf ihn reagiert hat. Was geschieht also, wenn Jim und Susan sich wiedersehen?

SUSAN: »Hallo Jim! Was für ein Zufall, dich gleich zweimal in einer Woche zu treffen!« (Diesmal kam Susan absichtlich, um ihn zu sehen.) »Das muß Bestimmung sein, wie?«

JIM (fest entschlossen, sich nicht wieder abblitzen zu lassen): »Kann sein. Ich muß los. Tag...«

Diesmal geht Jim und fühlt sich weit weniger idiotisch, Susan ist allerdings mehr denn je davon überzeugt, »auf Männer ist kein Verlaß. Einmal tut er so, als sei er an mir interessiert und beim nächsten Mal tut er, als sei ich ihm völlig egal!« Und damit ist wieder eine möglicherweise schöne Beziehung den Bach hinunter.

All das wäre zu vermeiden. Nehmen Sie sich vor, am Ball zu bleiben und das Richtige zu tun, ungeachtet, wie Ihr Wunschpartner anfänglich darauf reagiert. Das Vertrauen in die Taktiken, die Ihnen in diesem Buch erläutert werden, zahlt sich aus, wenn Sie sich Zeit lassen. Wenn Sie den Vorsatz haben, damit zu arbeiten, werden Sie nicht enttäuscht werden!

Kapitel 5

Ängste zerstreuen und Vertrauen gewinnen

Prinzip: Menschen haben ein unbewußtes Verlangen, frei und emotional ungebunden zu bleiben. Daher versuchen sie, Situationen zu vermeiden, die diese Freiheit einzuschränken drohen.

Es ist äußerst wichtig, Zurückhaltung zu üben, wenn Sie Ihrem Auserwählten Ihre Hoffnungen und Träume mitteilen. Es gibt gewisse Dinge, die Sie für sich behalten sollten! Wenn Sie durchblicken lassen, daß Ihr zukünftiges Glück *von ihm* abhängt, und das auch noch verbal zum Ausdruck bringen, fühlt der andere sich eingeengt. Er spürt den Anspruch, der an ihn gestellt wird, bevor er sich dafür entschieden hat, ob er das will oder nicht, und seine instinktive Reaktion besteht darin, der Situation zu entfliehen, bevor er sich noch tiefer verstrickt.

Wenn Sie jedoch Ihre Absichten für sich behalten, kann die Beziehung wachsen und die Bindung sich festigen. Sie fragen sich vielleicht, warum nicht über eine Sache sprechen, deren man sich sicher ist. Glauben Sie, dieser Ansatz ist für beide Betroffenen der sicherste. Menschen wollen in Liebesdingen nach eigenem Ermessen vorgehen, nicht zu etwas gedrängt werden. Wir stimmen mit Thomas Hardy überein, der sagte: »Ein Liebender ohne Verschwiegenheit ist kein Liebender.« Geschwätzigkeit macht alles kaputt. Wenn Sie nicht einmal Ihre eigenen Geheimnisse für sich behalten können, wie kann ein anderer darauf vertrauen, daß Sie seine Geheimnisse bewahren? Reife und weise Menschen mit Erfahrung wissen, daß sie ihre Motive für sich behalten. Sie erweisen sich keinen Dienst, wenn Sie

Ihre Absichten im delikaten Frühstadium einer Romanze kundtun, damit beschwören Sie nur die Gefahr herauf, daß Ihr Wunschpartner einen Rückzieher macht.

Liebestaktik Nr. 13:
Zeigen Sie Aufmerksamkeit, ohne darüber zu sprechen!

Vor kurzem äußerte eine junge Frau einem der Autoren gegenüber, sie habe es satt, in ihrem Leben weiterhin ›herumzuspielen‹. Sie wünsche sich ein Liebesleben, in dem der Partner wirklich für sie da sei und seine ›Karten auf den Tisch lege‹. Auf diese Haltung der Offenheit und Direktheit könne sie emotional richtig reagieren, meinte sie, obwohl ihr zu verstehen gegeben wurde, daß das nicht der Fall sei. Ihr wurde erklärt, auch wenn sie aufrichtig glaube, von einem Fremden überzeugt zu sein, der ihr solche Gefühle entgegenbringt, weisen alle Erfahrungswerte darauf hin, daß sie ihre Meinung ändern würde, sollte dieser Fall tatsächlich eintreten.

Wenige Wochen nach diesem Gespräch wurde ihr das Prinzip deutlich veranschaulicht. Sie lernte einen geeigneten Junggesellen kennen, der ihr ausnehmend gut gefiel — ein paar Tage lang. Bald mußte sie gestehen, daß ihr neuer Verehrer sie genau so behandelte, wie sie behandelt werden wollte. Doch seine Offenheit, mit der er kurz nach ihrem Kennenlernen über eine gemeinsame Zukunft sprach, machte ihr Angst!

Sein Tempo belastete die Beziehung. Nachdem sie erkannt hatte, daß sich bei ihr nicht die Gefühle einstellten, die sie erhofft hatte, beendete sie kurz darauf die Beziehung (und brach damit leider das Herz eines unschuldigen Mannes). Es tat ihr leid, einem so netten Mann weh tun zu müssen, doch die Erleichterung, die sie empfand, nachdem sie die Beziehung beendet hatte, bestärkte sie in ihrem Glauben, daß er der ›Falsche‹ war.

Hätte diese Beziehung eine Chance gehabt, zu überleben? Ohne weiteres, wenn der junge Mann klug genug gewesen wäre, in diesem Frühstadium Gespräche über ›uns‹ und ›unsere gemeinsame Zukunft‹ zu vermeiden. Solche Gespräche stellen unterschwellig zu große Anforderungen an die Verantwortung des anderen. Hätte der hoffnungsvolle Bewerber die Sache bedächtiger und kühler angegangen, hätte er die Gefühle der jungen Frau nicht verwirrt und belastet. Wenn eine Beziehung unter Streß steht, leidet die Kommunikation darunter. Das wiederum behindert die Entwicklung der Beziehung. Wie verhält man sich also richtig, um eine Beziehung so wenig bedrohlich wie möglich zu halten? *Vermeiden Sie Gespräche, die gegenseitige Verpflichtungen unterstellen!*

Seien wir ehrlich. Wir alle wissen, daß Sie ernste Absichten haben, sonst würden Sie dieses Buch gar nicht erst lesen! *Aber reden Sie nicht darüber!* Es genügt, wenn Sie Ihr Interesse durch Ihr Verhalten zeigen, aber seien Sie etwas vorsichtiger damit, wenn es darum geht, darüber zu sprechen! Sprechen Sie es nicht aus! Tragen Sie Ihr Herz nicht auf der Zunge! Was immer Sie tun, lassen Sie in Ihren Worten nie durchblicken, daß Ihr gegenwärtiges und zukünftiges Glück davon abhängt, ob Ihr Wunschpartner Ihre Gefühle erwidert oder nicht. Lassen Sie den anderen nicht wissen, daß Sie beginnen, ihn oder sie in Ihre Zukunftspläne mit einzubeziehen.

Bringen Sie Beweise, ohne zu reden

Artikulieren Sie Ihre Gefühle nicht in Worten. Üben Sie, zumal in den ersten Monaten des aktiven Liebeswerbens, Zurückhaltung. Manche Dinge im Leben bleiben besser ungesagt. Erst recht in der Liebe. Es ist richtig, Interesse zu zeigen. Es ist richtig, Ihren Wunschpartner spüren zu lassen, daß Sie an ihm interessiert sein könnten. *Aber bitte keine Geständnisse!* Sprechen Sie die Dinge in diesem Frühstadium noch nicht aus! Bestätigen Sie seine Ahnungen erst zu einem späteren Stadium der Beziehung. (Das gilt für das geschriebene ebenso wie für das gesprochene Wort. Mit Kärtchen, Zetteln und Briefen, in denen Sie Ihre Liebe andeuten, sabotieren Sie nur Ihre Bemühungen, das Herz des anderen zu gewinnen. Das ist ein Punkt, dem viele Leser nicht widerstehen können, der aber jene reich belohnt, die genügend Selbstkontrolle haben, um dem Reiz zu widerstehen.)

Die Menschen fühlen sich durch überstürzte Liebesgeständnisse in die Ecke gedrängt. So deutlich Liebesgefühle auch sein mögen, sie bleiben ungefährlich, solange nicht darüber gesprochen wird. Sobald Sie ein Liebesgeständnis ablegen, bedeutet jeder weitere Kontakt Ihres Wunschpartners mit Ihnen eine unausgesprochene Bestätigung und Erwiderung Ihrer Gefühle. Der andere steht also vor der bedenklichen Wahl, Ihre Liebe zu akzeptieren und seine Freiheit einzubüßen, oder Sie aus seinem Leben zu entfernen. Und es steht wohl außer Frage, wozu er sich im Frühstadium entscheidet! Niemand wird Ihnen dauerhafte Bindung zusichern, bevor er/sie nicht wirklich an Ihrem Angelhaken hängt!

Wohlbemerkt, die Menschen laufen nicht vor der Liebe weg. *Sie fliehen vor etwas, dessen sie sich nicht sicher sind.* Wenn also nicht genügend Zeit verstrichen ist, in der die Gefühle wachsen und sich festigen können, ist jede Bedrohung der individuellen Freiheit gleichbedeutend mit der Errichtung psychologischer Schranken, die den Betroffenen veranlassen, den Kontakt mit Ihnen abzubrechen.

Süchtig nach Liebe werden

Psychologen und Eheberater bezeichnen den Zustand des Verliebtseins häufig als eine Art Sucht. Es ist erwiesen, daß die das Verliebtsein begleitenden körperlichen Symptome, wie beschleunigte Herztätigkeit, schwitzende Hände und das Gefühl ›schwindender Sinne‹ auf einen Ausstoß von Phenyläthylaminen im Gehirn zurückzuführen sind, wenn entsprechende psychische und emotionale Reaktionen ausgelöst werden.

Liebe kann uns also auf ganz reale Weise wie eine Sucht befallen. Denken Sie nun über folgende Analogie nach: Wie macht ein Rauschgiftdealer seine Geschäfte? Tritt er an einen potentiellen Kunden heran und sagt: »He du! Hast du Lust süchtig zu werden?« Natürlich nicht! Er muß schon etwas geschickter vorgehen! Kein Mensch vergreift sich an Drogen, weil er abhängig davon werden will. Genau das trifft auch auf die Liebe zu! Stürzen die Menschen sich gierig auf jede Gelegenheit, um ihre Freiheit zu verlieren? Nein, aber Menschen fühlen sich in Situationen wohl, die ihnen angenehme Gefühle vermitteln. Und nur wenn jemand davon *überzeugt* ist, daß der Tauschhandel sich lohnt, ist er bereit, etwas von seiner Freiheit aufzugeben.

Ein Dealer muß also geschickt sein und wird nicht über die langfristigen *Nachteile* sprechen, sondern die direkten *Vorzüge* preisen. Er sagt also nicht: »Was hältst du davon, den Rest deines Lebens hoffnungslos süchtig nach dem Stoff zu sein, den ich dir hier anbiete?« Wer würde wohl auf ein so dämliches Angebot hereinfallen? Der Dealer sagt vielmehr: »He, willst du einen guten Trip? Kostet dich nichts. Der geht auf mich!« So baut man – Schritt um Schritt – Abhängigkeit auf.

In ähnlicher Weise sollten Sie vorgehen, wenn Sie die Liebe eines anderen gewinnen wollen. Wenn Sie gleich zu Beginn gestehen, welch großes Interesse Sie an Ihrem Auserwählten haben, versteht er/sie automatisch darunter, daß Sie eine Erwiderung Ihrer Gefühle, oder ›Bezahlung‹ verlangen. Sie geben indirekt zu verstehen, daß Sie von dem Betreffenden später Rückzahlung erwarten, und das kann sehr beängstigend auf ihn wirken. Schenken Sie Ihrem Auserwählten vielmehr beständige, liebevolle *Aufmerksamkeit*, ohne Andeutung auf etwas Außergewöhnliches. Später, wenn Ihr Wunschpartner an der Leine zappelt und keine Gefahr für Sie besteht, ihn/sie zu verlieren, bleibt immer noch reichlich Zeit, von ihm/ihr Liebe zurückzufordern!

Kapitel 6

Zeigen Sie sich von Ihrer liebenswerten Seite

Prinzip: Je positiver und nutzbringender die Erfahrung, die jemand im Kontakt mit Ihnen hat, desto größer der Wunsch dieser Person, den Kontakt mit Ihnen aufrechtzuerhalten.

Ist es überhaupt möglich, jemand, den Sie für sich gewinnen wollen, dazu zu bringen, Sympathie für Sie zu empfinden? Der menschliche Geist läßt sich zwar nicht zwingen, gewiß aber lenken! Und wenn Sie die Regeln kennen und befolgen, können Sie jeden beliebigen Menschen dazu bewegen, Ihre Gesellschaft zu genießen und sich darauf zu freuen, mit Ihnen zusammenzusein.

Über dieses Thema wurden zahllose Bücher geschrieben. Erfahrene und weise Menschen sind sich darin einig: das, was wir tun, die Art und Weise, wie wir mit anderen umgehen, bestimmt deren Denken und Verhalten uns gegenüber. Wenn Sie also Sympathien gewinnen wollen, halten Sie sich an die Richtlinien dieses Kapitels.

Liebestaktik Nr. 14: Seien Sie heiter!

Ein Großvater sprach voll Stolz von seinen Enkelkindern. Er versicherte, daß er sie alle liebte, gestand allerdings zögernd, daß ihm eines besonders ans Herz gewachsen war. »Ich bemühe mich, keine Unterschiede zu machen«, erklärte er. »Aber Sie wissen ja, wie das ist! Man reagiert auf andere so, wie sie sich einem gegenüber verhalten, und der kleine Kerl freut sich jedesmal so sehr, wenn ich zu Besuch komme, daß ich gar nicht anders kann!«

Ähnlich ergeht es uns allen. Wenn Sie feststellen, daß jemand sich besonders freut, Sie zu sehen und mit Ihnen zu sprechen, fühlen Sie sich Ihrerseits in seiner Gegenwart wohl.

Haben Sie sich schon mal gefragt, warum Hunde als Haustiere so beliebt sind? Genau aus diesem Grund. Es ist schön, wenn man beim Nachhausekommen freudig begrüßt wird, und sei es nur von einem freudig schwanzwedelnden Hund.

Lernen Sie also von ›dem kleinen Kerl‹ und vom ›besten Freund des Menschen‹. Wenn Ihr Wunschkandidat auftaucht oder anruft, zeigen Sie ihm Ihre Freude darüber. Seien Sie heiter!

Liebestaktik Nr. 15:
Zeigen Sie ein strahlendes Lächeln!

Zwei halbwüchsige Buben unterhielten sich über ihr Lieblingsthema − Mädchen − und stießen auf einen sehr wichtigen Punkt. Beide waren sich einig, daß ihnen ein Mädchen mit einem niedlichen Gesicht am besten gefiel und beide versuchten nun die Eigenschaft ›Niedlichkeit‹ zu definieren, bis sie draufkamen, daß niedlich eigentlich jedes Mädchen war, das gern lächelte!

Überlegen Sie mal. Sind es nicht die Menschen mit einem fröhlichen Lächeln, zu denen Sie sich besonders hingezogen fühlen? Auch Menschen, für die Sie sich nicht sonderlich interessieren, wirken anziehender, wenn sie lächeln. Warum hat Lächeln so große Macht? Lächeln vermittelt *Liebe*. Es deutet Akzeptierung an. Einem Menschen das Gefühl zu geben, daß wir ihn akzeptieren, ist eine der sichersten Methoden, ihn für uns zu gewinnen.

Machen Sie ein Experiment. Gehen Sie auf der Straße mit ernstem Gesicht an Passanten vorüber. Achten Sie darauf, wie viele Leute auf Sie reagieren. Dann wiederholen Sie das Experiment, doch diesmal lächeln Sie die Passanten im Vorübergehen an. Sie werden feststellen, daß Sie im zweiten Fall eine weitaus positivere und aufgeschlossenere Reaktion erhalten. (Vielleicht begegnen Sie sogar jemand, mit dem Sie sich anfreunden!) Durch Lächeln und Zunicken vermitteln Sie einen positiven Eindruck. Sie geben anderen das Gefühl, geschätzt und etwas Besonderes zu sein.

Können Sie sich vorstellen, wie viele Menschen durchs Leben gehen, ohne je zu erkennen, daß dies das Geheimnis ist, um auf das andere Geschlecht attraktiv zu wirken? Und es ist so einfach! Auch unsere heftigste Gegenwehr schmilzt wie Tau in der Morgensonne, wenn wir angelächelt werden. Jemand sagte einmal, die Menschen könnten fast alles sagen oder tun – und man würde ihnen verzeihen – solange sie dabei lächeln!

Welchen Inhalts ein Gespräch auch sei, ein Lächeln ist immer versöhnlich! Wenn Sie ein warmes, echtes Lächeln zeigen und Augenkontakt aufnehmen, verliert der andere seine Befangenheit. Mag man sich später nicht mehr an den Inhalt eines Gesprächs erinnern, man erinnert sich sehr wohl an die Empfindungen während des Gesprächs. Ein Lächeln ist so leicht! Und es ist ein so mächtiges, positives Instrument, das Sie nicht oft genug einsetzen können!

Ein Lächeln sagt vielerlei. Es sagt, daß Sie glücklich sind. Daß Sie selbstbewußt sind. Daß Sie sich sicher fühlen. Daß es Ihnen gefällt, mit Ihrem Gegenüber zusammen zu sein und mit ihm/ihr zu reden. Es veranschaulicht, daß Sie dem anderen ein gutes Gefühl geben wollen und daß Sie Sympathie für ihn empfinden.

Ein Liebeswerber ohne Lächeln ist wie ein Krieger, der ohne Waffe in die Schlacht zieht. Undenkbar! Mit einem Lächeln bewaffnet können Sie jede Herausforderung bestehen. Wer klug ist, weiß um die Bedeutung, die Kunst des Lächelns in sein Instrumentarium aufzunehmen, um seinen Wunschpartner zu erobern!

Liebestaktik Nr. 16:
Sprechen Sie mit Begeisterung!

Begeisterung wirkt ansteckend! Sie ruft Begeisterung bei anderen hervor! Sie ist einer der Schlüssel, um andere positiv zu stimmen. Nur wenige Menschen sind immun gegen die ansteckende Kraft der Begeisterung. Begeisterungsfähige Menschen wirken auf ihre Umgebung erfrischend und belebend. Eine positive Erfahrung, die das Gefühl der Freundschaft und Bindung füreinander festigt. Sitzen Sie im Gespräch mit Ihrem Auserwählten nicht leblos da. Legen Sie etwas Begeisterung in Ihre Stimme! Seien Sie getrost in Ihrer verbalen Kommunikation ein wenig dramatisch.

Sie wissen, Menschen langweilen sich schnell. Jede Mühe, die Sie sich machen, um Ihre Gespräche zu beleben, wird von anderen anerkannt, ob sie das nun bereitwillig zeigen oder nicht. Begeisterung ist eine subtile Form, Ihre Zuneigung zu zeigen und wird Ihnen bei dem Sympathien schaffen, dem Sie Begeisterung entgegenbringen.

Seien Sie nicht zu sachlich und ernst. Eine lockere, positive Lebenseinstellung ist viel besser. Zeigen Sie Sinn für Humor und scheuen Sie sich nicht, frei herauszulachen. Sie werden auch feststellen, daß andere Ihnen gegenüber offener sind, wenn Sie lächeln und Humor zeigen.

Versuchen Sie Heiterkeit auszustrahlen. Wenn Ihnen daran liegt, daß jemand gern seine Zeit mit Ihnen verbringt, sollten Sie beschwingt und heiter sein. Seien Sie vital! Ihre Lebensfreude macht Sie zur angenehmen Gesellschaft für Ihre(n) Auserwählte(n)!

Liebestaktik Nr. 17:
Seien Sie positiv

Der Unterschied zwischen einem Optimisten und einem Pessimisten besteht darin, daß der Optimist von einem halbvollen Glas spricht, während der Pessimist darin ein halbleeres Glas sieht. Da wir unbewußt alle ein halbvolles Glas einem halbleeren Glas vorziehen, fühlen wir uns gemeinhin in Gesellschaft des Optimisten wohler.

Wohin Ihr Lebensweg Sie auch führt oder welche Situationen Ihnen begegnen, Sie haben Gelegenheit, selbst zu urteilen, wie voll ein Glas ist. Das Leben ist mühselig und beschwerlich. Die Art, wie Sie Ihre Lebensumstände anderen präsentieren, entscheidet darüber, wie sehr man Ihre Gesellschaft schätzt. Mit einer positiven Sicht der Dinge wird Ihr Wunschpartner (und alle anderen Menschen Ihrer Umgebung) Ihre Freundschaft auf unbewußter Ebene höher einschätzen. Eine positive Lebenseinstellung lohnt sich immer.

Bei einer Umfrage unter Studenten, welche Eigenschaften eines zukünftigen Lebenspartners als wünschenswert gelten, stand ›Sinn für Humor‹ ganz oben auf der Liste. Um eine präzisere Definition gebeten, was darunter eigentlich zu verstehen sei, antworteten die Befragten, daß der Begriff sich *nicht* auf die Fähigkeit, Witze zu erzählen beziehe! Es sei vielmehr die Gabe, die schönen Seiten der Dinge zu sehen − die Fähigkeit, auch in einer ausweglosen Situation zu lachen. Menschen, die dazu in der Lage sind, wirken aufmunternd auf andere und sind − bewußt oder unbewußt − Sympathieträger. Ein Zusammensein mit ihnen ist gewinnbringend.

Liebestaktik Nr. 18:
Sprechen Sie über die Interessen des anderen

Erwiesenermaßen haben die meisten Menschen wenig Vertrauen in ihre Fähigkeiten, ein Gespräch zu führen. Andererseits ist Kommunikation ein Grundbedürfnis aller Menschen. Wenn Sie also den Wunsch haben, daß man Ihre Freundschaft sucht und schätzt, müssen Sie Ihrem Auserwählten das Gefühl geben, daß er/sie sich, ohne Hemmungen haben zu müssen, mit Ihnen unterhalten kann.

Erstaunlicherweise ist dafür kein fundiertes Fachwissen vonnöten. Es handelt sich vielmehr um die Bereitschaft, dem Partner den Löwenanteil des Redens zu überlassen, bei welchem Thema auch immer! Sie können jeden aus der Reserve locken, wenn Sie die Haltung eines wissensdurstigen Schülers einnehmen, der seinem Lehrer zuhört. Die meisten Gespräche haben etwas von einem Tauziehen. Normalerweise wartet jeder Gesprächsteilnehmer darauf, daß der andere aufhört zu reden, damit er seinerseits das Thema wieder auf sein Interessengebiet zurückführen kann! Nur selten wird jemand aufgefordert, mit seinen Ausführungen fortzufahren.

Wie gehen Sie am besten vor? Indem Sie Fragen stellen und zuhören. Fragen Sie Ihren Gesprächspartner nach seinen Zielen, Erfolgen, Erfahrungen oder Ansichten. Kurzum stellen Sie Fragen nach allem, was Bezug zu ihm hat. Das ist ein Bereich, auf dem alle Menschen bewandert sind!

Dale Carnegie berichtete einmal über den Fall eines berüchtigten Bigamisten, der die Herzen (und Bankkonten) von 23 Frauen geraubt und ausgeraubt hatte. Auf die Frage, wie er es geschafft habe, daß so viele Frauen sich in ihn verliebten, antwortete der Bigamist, das sei überhaupt kein Problem gewesen, sobald er die Frauen dazu gebracht hätte, über sich selbst zu sprechen. Damit allein ist es in den meisten Fällen zwar nicht getan, dennoch besteht kein Zweifel daran, daß man Menschen für sich einnimmt, wenn man sie dazu ermuntert, über ihre Interessen zu sprechen. Im Gespräch auf die Interessen des Gesprächspartners einzugehen, ist also ein grundlegender Bestandteil Ihrer Strategie, eine solide Freundschaft mit Ihrem Wunschpartner aufzubauen!

Liebestaktik Nr. 19:
Machen Sie Komplimente

Mit Schmeicheleien erreicht man alles! Das ist eine altbekannte Tatsache; eine außerordentlich wirksame Methode, einen anderen für sich einzunehmen. Allzuhäufig zögern die Menschen, sich dieses Mittels zu bedienen aus Angst, ein Kompliment könne als unaufrichtig aufgefaßt werden. Gewiß, viele Menschen reagieren mißtrauisch und argwöhnisch auf übertriebene Komplimente. Doch tief im Herzen fühlen sie sich geschmeichelt, trotz aller nach außen zur Schau gestellten Skepsis. Paul H. Gilbert sagte einmal, Komplimente seien »die Kunst, einem anderen zu sagen, was man über sich selbst denkt«.

Lassen Sie sich also nicht beirren! Seien Sie sich darüber klar, daß Menschen, die argwöhnisch und abwehrend auf Schmeicheleien reagieren, ihre wahren Gefühle überspielen. In Wahrheit sind sie tief beeindruckt davon − mehr als sie zeigen wollen. Das menschliche Bedürfnis nach Anerkennung ist stärker als die Fähigkeit, ihm zu widerstehen. Nicht zuletzt tragen Ihre Komplimente und Lobesworte zum Aufbau einer Beziehung bei. Scheuen Sie nicht davor zurück.

Dennoch ein Wort zur Vorsicht: Komplimente sind wie schweres Parfum. Ein winziger Tropfen wirkt lange nach. Gehen Sie sparsam damit um und vertrauen Sie der Wirkung. Begehen Sie nicht den Fehler, unentwegt Komplimente zu verteilen, weil der Empfänger nicht darauf zu reagieren scheint. *Zu viel* Schmeichelei macht Ihre Worte verdächtig und untergräbt Ihre Aufrichtigkeit. Wenn Menschen das Gefühl haben, ›reingelegt‹ zu werden oder ›etwas vorgemacht zu bekommen‹, errichten sie psychologische Sperren und verhalten sich abweisend. Trotz dieser Mahnung sei wiederholt: Komplimente und Lobesworte tragen dazu bei, Beziehungen aufzubauen und zu festigen. Machen Sie Komplimente. Damit werden Sie zum angenehmen Gesellschafter, damit festigen Sie die Bindung zu Ihrem(er) Auserwählten.

Liebestaktik Nr. 20:
Gehen Sie lieber zu früh als zu spät

Es ist eine altbekannte Tatsache, wer sich zu lang in einer beliebigen Situation oder Umgebung aufhält, strapaziert

andere. Wenn Sie Ihren Aufenthalt also verkürzen, erreichen Sie damit, daß man mehr von Ihnen zu sehen
wünscht, *auch wenn man zu Beginn nicht sonderlich an
Ihnen interessiert war!* Diese einfache, aber sichere Taktik
schaltet nicht nur unbewußte Abwehr aus, eine Freundschaft mit Ihnen zu beginnen, sie schafft darüber hinaus
eine positive Atmosphäre für spätere Zusammenkünfte.
Man schätzt Ihre Gegenwart *mehr*, wenn Sie sich *weniger*
verfügbar machen!

Überlegen Sie also genau, wieviel Zeit Sie mit Ihrem(r)
Auserwählten verbringen wollen. Ziehen Sie sich zurück,
solange die Stimmung gut ist, obwohl Sie gern länger bleiben würden. Seien Sie derjenige, der Gespräche, Telefonate, Verabredungen oder andere Begegnungen ein bißchen
früher abbricht, als erwartet. Sagen Sie nur: »Es wird Zeit
für mich zu gehen...«, oder: »Ich bin spät dran...«
Wichtig ist, daß die Initiative von Ihnen ausgeht!

Suchen Sie die Gesellschaft des anderen, seien Sie aber
auch der/die Erste, um sich zu verabschieden. Wenn Sie es
dem anderen überlassen, Ihnen zu sagen, wann es Zeit ist
zu gehen, verschenken Sie einen Gutteil der Wirkung dieser Taktik.

Liebestaktik Nr. 21:
Nehmen Sie es gelassen hin, wenn Sie
(gelegentlich) zurückgewiesen werden

In einem der größten Musicalerfolge aller Zeiten, *The
Music Man*, spielen Robert Preston und Shirley Jones die
Hauptrollen. In der Verfilmung kommt Preston (als Handelsvertreter Harold Hill) in den hinterwäldlerischen Ort
River City in Iowa mit der klaren Absicht (klar für den Zu-
schauer, nicht für die Bewohner von River City), den ein-
fältigen Bürgern ihre hart verdienten Dollars aus der
Tasche zu ziehen. Für seinen Schwindel gibt er sich als Mu-
sikprofessor aus (siehe Filmtitel). Er verspricht, eine Kna-

benkapelle ins Leben zu rufen und verkauft Musikinstrumente, wobei er beabsichtigt, mit den erschwindelten Einnahmen heimlich die Stadt zu verlassen. Zur Verwirklichung seines Planes muß er zunächst das Vertrauen der Bürger gewinnen und er beginnt damit, der Bibliothekarin und Hobby-Musiklehrerin Marian den Hof zu machen.

Und wie bei jeder guten Liebesgeschichte liegt hier der Haken. Marian traut dem ›Professor‹ Hill nicht über den Weg und läßt ihn links liegen. Immer wieder versucht er, sich ihr zu nähern, zieht lächelnd den Hut vor ihr und bemüht sich, ihre Bekanntschaft zu machen. Doch sie zeigt ihm die kalte Schulter und läßt ihn grußlos stehen. Hill setzt seine Bemühungen beharrlich fort.

Die Mehrheit der Menschen würde negativ und beleidigt reagieren, wenn sie eine solche Abfuhr ständig einstecken müßte. Nicht so der positiv denkende Professor Hill! Seine langjährige Erfahrung als Handelsvertreter hatte ihn offenbar gelehrt, daß eine positive Einstellung und ein Lächeln die trennende Mauer zwischen zwei Menschen irgendwann zum Einsturz bringen müsse. Als Antwort auf ihre Zurückweisung lächelt er noch freundlicher und zieht seinen Hut noch tiefer vor ihr. Und wie nicht anders zu erwarten, erliegt sie schließlich seinem Charme, und die Dinge nehmen ihren Lauf.

Im richtigen Leben ist es nicht anders. Wer bereit ist, kleine Niederlagen mit Würde einzustecken, wird schließlich als triumphierender Sieger großer Schlachten hervorgehen.

Wenn man ins Schleudern kommt

Beim theoretischen Fahrunterricht wird den Schülern immer wieder eingetrichtert, das Lenkrad nicht herumzureißen, wenn der Wagen ins Schleudern kommt. »Überlassen Sie den Wagen der Schleuderbewegung!«, wird den Fahrschülern vorgebetet. In der zwischenmenschlichen Beziehung ist es nicht anders.

Angenommen, Sie haben eine klare Vorstellung davon, wohin die Beziehung führen soll, spüren aber, daß Ihr Wunschpartner Ihnen entgleitet. Das wäre der falsche Zeitpunkt, Ihr Ziel mit verstärkter Entschlossenheit zu verfolgen, in der Hoffnung, ihn/sie zurückzugewinnen. Das tritt nicht ein! Statt dessen gerät Ihre ganze Beziehung ins Schleudern! Es ist ratsam, vorübergehend ›mit dem Strom zu schwimmen‹ und dem Verhalten des anderen nicht gegenzusteuern. Wenn jemand nicht bereit ist, sich in einer Beziehung so zu engagieren, wie *Sie* es wünschen, ist anzuraten, sich bereit zu erklären, die Beziehung so zu gestalten, *wie er oder sie es wünscht*. Was nicht heißen soll, daß Sie bereit sind, Ihre ursprünglichen Pläne für die Beziehung aufzugeben (ebenso wenig wie der Fahrer eines Wagens im Straßengraben landen möchte). Gelegentlich müssen Sie diese Richtung solange einschlagen, bis Sie die verlorene Kontrolle wieder erlangt haben und Ihren Auserwählten behutsam wieder zu sich zurückführen!

Verlieren Sie also nicht Ihren Charme, wenn Ihnen eine Verabredung nicht gewährt wird. Seien Sie um so charmanter! Lächeln Sie um so strahlender! Ziehen Sie sich vorübergehend in aller Freundschaft zurück. Mit einem solchen Verhalten überzeugen Sie andere, daß die Freundschaft, die Sie anbieten, echt, tief und wertvoll ist. Menschen lieben und bewundern den, der im Angesicht der Niederlage Würde bewahrt. Ein guter Verlierer schafft es, daß andere ihm in Zukunft Vertrauen schenken. Und vergessen Sie nicht, Liebe basiert auf Vertrauen!

Kapitel 7

Eigenständigkeit und Führungsqualitäten

> Prinzip: Menschen respektieren andere, die
> Zurückhaltung üben und Unabhängigkeit
> zeigen, und fühlen sich unbewußt zu ihnen
> hingezogen. Sie fühlen sich von Menschen
> abgestoßen, die sich an sie klammern.

In der Liebe ist es sehr wichtig, dem Auserwählten eine positive und akzeptierende Einstellung zu zeigen. Erwecken Sie jedoch nie den Anschein, als beeinträchtigten Ihre Gefühle für den anderen Ihre Unabhängigkeit oder Ihre Fähigkeit, Entscheidungen zu treffen. Merken Sie sich: *Ein Mensch kann einen anderen nicht wirklich lieben, den er wie eine Marionette dirigieren kann!* Wenn Sie also geliebt werden wollen, ist es von enormer Wichtigkeit, dem anderen zu zeigen, daß Sie eine eigenständige, selbstbewußte Persönlichkeit sind, deren Zorn man sich zuzieht, wenn ihre Gutmütigkeit ausgenutzt wird! Ohne dieses Element der Angst (ja *Angst!*) in einer Beziehung, kann sich romantische Liebe niemals voll entwickeln.

Die Erfahrung hat gezeigt, daß ein Mensch, der glaubt, ungestraft auf den Gefühlen anderer herumtrampeln zu können, keine romantischen Empfindungen aufbringen kann. Im folgenden eine Reihe von Methoden, wie Sie Ihre Unabhängigkeit aufbauen und sich Achtung verschaffen können, die für die romantische Liebe so wichtig ist.

Liebestaktik Nr. 22:
Planen Sie Verabredungen im voraus

Das ist wohl die einfachste Methode, um Ihrem Auserwählten Führungsqualitäten und emotionale Eigenständigkeit zu zeigen. Gehen Sie mit genauen Vorstellungen in eine Verabredung! Lassen Sie nie den falschen Eindruck entstehen, Sie geben sich mit den Gegebenheiten zufrieden, so wie sie sind. Machen Sie sich im voraus Gedanken über Einzelheiten des Abends − wohin Sie gehen, was Sie tun, und wie lange eine Verabredung dauern soll. Überlassen Sie diese Dinge nicht dem Zufall, sonst entsteht der Eindruck, Sie haben keine Kontrolle. Nehmen Sie sich für jede Verabredung, die Sie mitbestimmen, ein genaues Ziel vor. Dadurch beweisen Sie Ihre Fähigkeit zu selbständigem Handeln, was Ihnen wiederum die Achtung anderer einträgt.

Das soll nicht bedeuten, *eigensüchtig* zu handeln! Sprechen Sie sich bei der Planung stets mit dem anderen ab. Fragen Sie, was er/sie gerne tun würde. Wenn Ihre Vorstellungen nicht übereinstimmen, seien Sie nicht stur! Sie können Ihre aktive Teilnahme an der Planung beweisen, wenn Sie Alternativen vorschlagen, oder sich den Vorschlag des anderen anhören und zustimmen.

Auch wenn Sie nicht die Initiative für die Verabredung ergreifen, sollten Sie nicht passiv bleiben. Sie haben durch Ihre Zustimmung oder Ablehnung Mitsprache in der Planung der Dinge! Bestehen Sie also darauf, in Kenntnis gesetzt zu werden. Führungsqualitäten beweisen, bedeutet nicht unbedingt, daß Sie *alles* in die Hand nehmen müssen; es bedeutet vielmehr, daß Sie ein Mitspracherecht haben. Wenn Sie darauf bestehen, sichern Sie sich die Achtung desjenigen, mit dem Sie sich verabreden!

Liebestaktik Nr. 23:
Eigenständiges Denken

Ob die Menschen es bewußt realisieren oder nicht, sie erwarten in der romantischen Liebe einen Partner, an den sie sich anlehnen können und der ihnen in schweren und angstvollen Zeiten Kraft gibt. Aus diesem Grund fühlen wir uns instinktiv zu Menschen hingezogen, die ihrerseits emotional stark wirken; diese Eigenschaften lassen sie für eine solche Beziehung geeignet erscheinen.

Denken Sie an eine Situation, in der Sie einen Menschen brauchen, mit dem Sie reden können. Vielleicht ärgern Sie sich über etwas, oder Sie fühlen sich einsam. Mit wem würden Sie lieber sprechen? Mit jemand, der eigenständig, klardenkend ist und einen kühlen Kopf bewahrt? Oder würden Sie einen unsicheren Gesprächspartner vorziehen, für den Sie Entscheidungen treffen oder für den Sie denken müssen? Nun mal ehrlich! Die meisten Menschen fühlen sich von großer Unsicherheit abgestoßen. Sie fühlen sich zu Menschen hingezogen, bei denen sie Stärke spüren!

Kurzum, die meisten Menschen wollen sich anlehnen. Demzufolge müssen Sie die Fähigkeit zu eigenständigem Denken an den Tag legen und in Ihren zwischenmenschlichen Beziehungen eigene Entscheidungen treffen, wenn Sie andere auf lange Sicht an sich binden wollen. Wie können Sie das bewerkstelligen? Hierfür gibt es verschiedene Methoden.

Zeigen Sie Entschlußkraft

Treffen Sie eine Entscheidung, wenn es mehrere Möglichkeiten gibt. Wenn der Partner Sie fragt, wohin Sie gerne Essen gehen, oder welchen Film Sie sehen möchten, antworten Sie mit Bestimmtheit (auch wenn Ihnen so etwas nebensächlich und im Grunde egal ist!). Es sind nicht zu übersehende Gelegenheiten, Ihre Entscheidungsfreude unter Beweis zu stellen!

Wenn es um Verabredungen geht, glauben viele Menschen, die Entscheidung in kleinen Dingen dem anderen überlassen zu können. Sie machen sich nicht klar, daß sie in höherem Ansehen stehen und sie begehrenswerter erscheinen, wenn sie eigene Entscheidungen treffen.

Vorteile von Gegensätzen

Seien Sie gelegentlich anderer Meinung. Stimmen Sie nicht immer mit allem überein, was Ihr Partner will oder vorschlägt. Es wird Ihnen nicht gedankt. Der andere darf nicht den falschen Eindruck gewinnen, daß Sie alles mit sich machen und sich wie an einem Nasenring herumführen lassen.

Machen Sie gelegentlich eigene Vorschläge, selbst wenn Sie vollauf damit zufrieden sind mit dem, was Ihr Partner tut oder vorschlägt. Auch wenn letztlich nicht das getan wird, was Sie vorgeschlagen haben, bleibt es beim anderen haften, daß Sie ihm/ihr nicht blind überall hin folgen. Eigenständigkeit erhöht automatisch Ihre Attraktivität.

Haben Sie eigene Meinungen

Scheuen Sie sich nicht, *Ihre Meinung frei zu äußern!* Es ist nichts dabei, in einer Diskussion seine Meinung zu äußern. Ihre Ansichten sollten nicht zu exotisch oder gar verletzend für andere sein, andererseits sollten Sie nicht als verschüchtertes Wesen ohne eigene Meinung dastehen! Es geht darum, die eigene Meinung zu äußern, ohne zu befürchten, Sie könnten deshalb für unsympathisch oder schlecht gehalten werden. Die ›Pluspunkte‹, die Sie mit einer eigenständigen Meinung machen, überwiegen etwaige Fehler bei weitem.

Ihre Meinung muß nicht unbedingt mit der Meinung anderer übereinstimmen. *Zeigen Sie Persönlichkeit!* Haben Sie keine Bedenken zu sagen, was Sie denken, auch wenn Sie damit der herrschenden Meinung widersprechen. Haben Sie keine Angst, allein dazustehen! Jemand, der den Mut hat, für seine Überzeugungen einzustehen, wirkt reizvoll und aufregend.

Das bedeutet jedoch *nicht*, daß Sie dabei unangenehm werden. Es ist in Ordnung, auf friedliche Weise anderer Meinung zu sein. Zwingen Sie anderen jedoch nie Ihre Meinung auf.

Seien Sie offen, ehrlich und geradeheraus. Fürchten Sie sich nicht davor, eigenständiges Denken zu manifestieren. Das ist einer der Schlüssel zu erfüllter romantischer Liebe!

Liebestaktik Nr. 24:
Teilen Sie Ihre persönlichen Ziele mit

Ein junger Mann, der große Schwierigkeiten hatte, die Frau seiner Träume für sich zu gewinnen, stellte sich nach einer wenig anregenden Verabredung die Frage: »Was mache ich falsch?« Er kam nicht drauf. Eines wurde ihm allerdings klar: er durfte nicht länger sein Leben nach *ihr* ausrichten. Er nahm sich vor, sich wieder um seine ursprünglichen Ziele zu kümmern, ob sie ihn liebte oder nicht. Wenn sie ihn dabei begleiten wollte, war das in Ordnung. Wenn nicht, so war das auch in Ordnung; er hatte fest vor, seine Pläne auch *ohne sie* zu verwirklichen!

Zunächst entstammte sein Entschluß dem Wunsch, seine Selbstachtung möglichst unbeschadet zu retten; doch es setzte ein erstaunlicher Umkehrungsprozeß ein. Was geschah? Mit der Einstellung: »Ich erreiche etwas im Leben, mit dir oder ohne dich!« bewies er seiner Wunschpartnerin unbeabsichtigt seine emotionale Unabhängigkeit und gewann dadurch ihre Liebe! Es ist wesentlich leichter, sich in jemand zu verlieben, der ein Lebensziel vor Augen hat, als in jemand, von dem Sie wissen, er/sie baut seine gesamte Zukunft auf Sie.

Die Jungfrau von Orleans sicherte sich im 15. Jahrhundert genau mit dieser Einstellung die unerschütterliche Treue und Zuneigung der kampferprobten Soldaten Frankreichs zu. Einem ihrer Generäle erklärte sie einmal: »Ich werde die Männer über die Mauer führen.« Seine Antwort lautete: »Nicht einer wird Euch folgen.« Doch Johanna, die diese Unabhängigkeit und Entschlossenheit besaß, von der wir soeben sprachen, entgegnete bloß: »Ich werde mich nicht umsehen, ob mir einer folgt oder nicht!«

Seien Sie in Ihrer Suche nach Liebe und Zuneigung wie Johanna von Orleans! Teilen Sie Ihrem Wunschpartner Ihre Absichten mit, einen sinnvollen Zweck im Leben zu erfüllen, und machen Sie ihm unmißverständlich klar, dieses Ziel wenn nötig auch alleine zu verfolgen. Die Einstellung wird in Ihrem Partner den Wunsch erwecken, dieses Ziel gemeinsam mit Ihnen zu erreichen!

Liebestaktik Nr. 25:
Seien Sie unvorhersehbar

Ein berühmter Psychologe sagte vor einigen Jahren in einem Vortrag vor Hochschulstudenten, eine der wichtigsten Voraussetzungen für ein glückliches Leben sei etwas Abwechslung. Abwechslung ist tatsächlich die ›Würze des Lebens‹. Sie liefert geistige Anregung und hält unser Interesse wach, uns den Mühen des Lebens zu stellen. Ohne Abwechslung wird das Leben öde und uninteressant und wir langweilen uns.

Zuweilen erkennen wir nicht, wie schnell Menschen sich langweilen und wie leicht sie sich zu jemand hingezogen fühlen, der ihnen ein interessantes Leben verspricht. Also tun Sie von Zeit zu Zeit etwas Unerwartetes! Sie können das Interesse des anderen wachhalten, wenn Sie ihn über Ihren nächsten Schritt im unklaren lassen. Das bedeutet nicht, daß Sie unzuverlässig sein sollen. Es bedeutet, daß Sie den anderen gelegentlich damit überraschen, daß Sie etwas ein wenig anders machen, als er es erwartet.

Ein Beispiel? Überraschen Sie Ihren Auserkorenen mit einem Geschenk, wenn er/sie *es am wenigsten erwartet!* Wenn der andere denkt, Sie an der Angel zu haben, *beachten Sie ihn nicht!* Und dann, gerade wenn der andere anfängt zu glauben, Sie haben das Interesse an ihm/ihr verloren, *machen Sie einen Besuch!* Tun Sie das Unerwartete! Seien Sie unvorhersehbar! Seien Sie nett zum anderen, wenn er nicht nett zu Ihnen ist, und wenn er nett zu Ihnen ist, zögern Sie nicht, anders als erwartet zu reagieren. Ihre Fähigkeit, unvorhersehbar zu sein, ist eine wirksame Waffe, um die Achtung des anderen für Sie aufrechtzuerhalten und seine Liebe zu gewinnen.

Wie oft hören wir Menschen in Zweierbeziehungen seufzen: »Ich werde einfach nicht schlau aus ihm (oder ihr)!« Interessanterweise sagt das immer derjenige, der in der Beziehung *mehr engagiert ist*.

Liebestaktik Nr. 26:
Machen Sie Ihr Verhalten nicht abhängig von der Meinung anderer

Zwischen einem jungen Mann und einer jungen Frau bahnte sich eine Liebesgeschichte an. Der junge Mann war besonders angetan von der eigenständigen Haltung, die das Mädchen an den Tag legte. Eines Abends verlor sie jedoch viel von ihrem Reiz, da sie ihm unwillentlich zu verstehen gab, daß sie zu großen Wert auf seine Meinung legte. Das geschah in aller Naivität. Sie sprachen über ein Thema, zu dem sie eine ziemlich extreme Meinung vertrat. Der junge Mann stimmte nicht mit ihr überein und hielt mit seiner Ansicht nicht hinter dem Berg. Was sie jedoch nicht bemerkte, war die Tatsache, daß er von der Charakterstärke und der selbständigen Sachlichkeit ihrer Betrachtungsweise stark beeindruckt war. Endlich, so dachte er, hatte er eine Frau gefunden, die es mit ihm in jeder Hinsicht aufnehmen konnte!

Seine Faszination war jedoch von kurzer Dauer. Als die junge Frau erkannte, daß ihre Sichtweise der Meinung ihres Gesprächspartners widersprach, machte sie rasch einen Rückzieher und entschuldigte sich dafür, sich so unverblümt geäußert zu haben. *Noch schlimmer, sie brachte ihre Befürchtung zum Ausdruck, der junge Mann könne nunmehr weniger von ihr halten, da sie eine so extreme Meinung vertrat!*

Erkennen Sie die Ironie der Geschichte? Wenige Augenblicke zuvor hatte der junge Mann sie wegen ihrer mutigen Haltung, ihre Empfindungen ohne Rücksicht auf seine Meinung auszudrücken, hochgeschätzt. Doch dann entschuldigte sie sich dafür und machte alles kaputt! Hätte sie ihre Denkweise beibehalten, wäre seine Achtung für sie gewiß gestiegen. Mit ihrer Bereitschaft, einen Rückzieher zu machen und ihre Eigenständigkeit zu widerrufen, *nur um ihm zu gefallen*, verlor sie seine Achtung. Unsere Achtung für andere steht im direkten Verhältnis dazu, wie eigenständig und autonom wir den Betreffenden wahrnehmen.

Handeln Sie in Ihren Beziehungen anders, als von Ihnen erwartet wird (auch wenn Ihr Interesse an der betreffenden Person wirklich groß ist)! Geben Sie nicht zu, daß die Meinung des anderen Ihnen zu viel bedeutet! In einem Lied heißt es: »Warum brichst du mein Herz, obwohl ich immer so war, wie du mich haben wolltest?« Die Antwort auf diese Frage lautet: weil wir keine romantischen Gefühle für jemand haben können, den wir nicht respektieren; und wir niemand respektieren können, der bereitwillig seine Eigenständigkeit verleugnet, nur um unsere Meinung zu vertreten. Romantische Liebe kann nur blühen, wenn Sie die Selbstsicherheit besitzen, sich *nicht* um jeden Preis der Meinung des Partners anzuschließen, nicht um die Anerkennung des anderen buhlen. Das ist ein Grundprinzip menschlichen Verhaltens!

Liebestaktik Nr. 27: Buhlen Sie nicht um Anerkennung

Eine der Qualen des Verliebtseins und eine Sache, die Ihnen auf dem Herzen liegt, ist die Frage, was Ihr Wunschpartner von Ihnen hält. Manchmal ist das Verlangen nach einem sichtbaren Zeichen der Zuneigung fast zu stark, um ihm widerstehen zu können. *Erliegen Sie dieser*

Versuchung nicht! Um Anerkennung zu buhlen, schadet
der romantischen Liebe in jedem Fall!

Wenn Sie Versuchsballons starten, um die romantischen Gefühle des anderen für Sie zu ergründen, entstehen zwei grundsätzliche Probleme. Erstens ist jede Anerkennung, die Sie erhalten, bestenfalls ein unzuverlässiger
Indikator der wahren Gefühle eines Menschen. Die
meisten Menschen können ihre Gefühle nicht deuten,
wenn es um Liebe geht, daher wäre nichts, was sie Ihnen
sagen, ein wirklich genauer Hinweis auf unterbewußte
Gefühle.

Es ist sehr gut möglich, daß ein Mensch beginnt Sie zu
lieben, sich dessen aber noch nicht bewußt ist. Der Übergang vom unterbewußten zum bewußten Zustand der
Liebe wird unweigerlich dann stattfinden, wenn Sie Geduld haben, sich nicht entmutigen lassen und nicht vorzeitig aufgeben.

Zweitens ist das Erforschen emotionaler Einstellungen
ein Hinweis darauf, daß Sie von Ihrem Auserwählten eine
Erwiderung Ihrer Gefühle erwarten. Das wiederum stellt
Ihre emotionale Unsicherheit bloß und deutet darauf hin,
daß Sie auf Zurückweisung des anderen empfindlich reagieren und ihm folglich ausgeliefert sind! Das verringert
die Achtung des anderen für Sie und untergräbt die aufkeimende romantische Liebe.

Stellen Sie nie Fragen und richten Sie Ihr Verhalten nie
bewußt auf Anerkennung des anderen aus, *bis Sie sicher*
sind, ihn wirklich umgarnt zu haben! Nach Beweisen der
Zuneigung zu suchen, läßt lediglich Rückschlüsse auf Ihre
emotionale Unsicherheit zu und macht den Respekt zunichte, der nötig ist, wenn der andere sich später in Sehn-
sucht nach Ihnen verzehren soll. Die Tatsache entbehrt
nicht der Ironie, je zurückhaltender Sie sich im Hinblick
auf die Meinung des anderen über Sie verhalten (ihm aber
gleichzeitig echte Zuneigung entgegenbringen), desto mehr
zollt er Ihnen Respekt und schenkt Ihnen letztlich seine
Liebe!

Liebestaktik Nr. 28:
Machen Sie Ihrer Wut zum gegebenen Zeitpunkt Luft

Wurden Sie je von einem Menschen, der Ihnen etwas bedeutete, gekränkt und haben ihn dafür nicht zurechtgewiesen, so haben Sie den Betreffenden vielleicht unnötigerweise für immer verloren! Klingt das seltsam? Nun, es ist dennoch wahr! *Ihrem Wunschpartner gelegentlich Ihre Wut zu zeigen, ist für eine glückliche Beziehung notwendig.* Es empfiehlt sich zwar meist, friedfertig und harmonisch miteinander umzugehen, wenn man eine Beziehung aufbauen will, es gibt aber auch Zeiten, in denen übertriebene Friedfertigkeit *nicht* der richtige Weg zum Ziel ist. Um die Beziehung über den Status der bloßen Freundschaft hinauszuheben, müssen Sie Ihre Fähigkeit unter Beweis stellen, wütend auf den anderen zu werden (selbst, wenn Sie ein bißchen Theater spielen)! Eine gute, verbale Auseinandersetzung ist manchmal der einzige Weg, um Ihrem Wunschpartner zu zeigen, daß Sie eine eigene Meinung haben und Achtung verdienen!

Können Sie sich vorstellen, daß ein Kind heranwächst, ohne gelegentlich getadelt oder bestraft zu werden? Gewiß nicht! Eine Bezugsperson, die dem Kind Grenzen setzt, ist für eine glückliche und stabile Kindheit von unermeßlicher Bedeutung. Das gleiche Prinzip trifft auch auf Erwachsene zu. Letztlich sind sie nur Kinder in Körpern von Erwachsenen. Auch Erwachsene müssen von Zeit zu Zeit in ihre Grenzen verwiesen werden! Ein zukünftiger Lebenspartner wird nichts dagegen haben, daß Sie Ihre Wut frei äußern, wenn er oder sie Grenzen verletzt!

Hören Sie sich Lees Worte an über den Unterschied zwischen seiner Auserwählten und all den Mädchen, die es vor ihr in seinem Leben gab, die seine tiefen Gefühle nicht zu wecken vermochten: »Sie ist die erste Frau in meinem Leben«, sagte er, »die mir die Stirn bietet!«

Diese Fähigkeit, dem Wunschpartner die Stirn zu bieten

und ihm/ihr zu sagen, wenn er Ihre Gefühle verletzt oder Ihnen zu wenig Beachtung schenkt, ist ein unerläßlicher Bestandteil romantischer Liebe. Man findet Sie wirklich aufregend, wenn man nicht insgeheim ein wenig Angst davor hat, Ihnen in die Quere zu kommen! Das ist eines der bestgehüteten Geheimnisse romantischer Liebe. Vergessen Sie das nicht!

Treten Sie für Ihre Rechte ein und zeigen Sie Ihrem Wunschpartner Ihre Wut, wenn Sie wirklich wollen, daß er Sie liebt! Halten Sie sich an folgende Richtlinien:

1. Machen Sie keine voreilige Szene. Das heißt geduldig abzuwarten, bis Sie jede Berechtigung haben, Ihre Wut zum Ausdruck zu bringen.

2. Begehen Sie nicht den Fehler, über nichtige Kleinigkeiten zu streiten. Ein echter Grund für Ihre Wut ist jede prinzipielle Mißachtung Ihrer Gefühle. (Das ist auch die einzige Beschuldigung, die Sie gegen den Partner vorbringen können. Sie haben kein Recht, sich als Richter aufzuspielen!) Bringen Sie Ihre Enttäuschung über ihn zum Ausdruck. Sagen Sie etwa: »Ich habe deine Rücksichtslosigkeit nun lange genug ertragen! Ich habe selbstlos gegeben und du hast alles selbstverständlich hingenommen. Ich bin nicht länger bereit, eine solche Behandlung von *irgendwem — auch nicht von dir* zu ertragen!«

3. Geben Sie dem anderen keine Gelegenheit zu einer Auseinandersetzung. Streiten Sie nicht. Machen Sie Ihren Standpunkt klar, zeigen Sie Ihre Wut *und gehen Sie!* Lassen Sie ihm Zeit zum Nachdenken, Zeit, Ihre Worte in sich aufzunehmen. Wenn Sie sich auf ein verbales Ping-Pong-Match einlassen, schwächen Sie lediglich die ansonsten starke Wirkung dieser Taktik. Sie werden erstaunt sein über die Macht, die Sie gewinnen. Vergessen Sie nicht, Menschen werden nicht über die *Vernunft* motiviert, sondern über die *Emotion!* Wenn Sie einmal das Pendel der Emotion in Schwung gebracht haben, wird es schließlich zu Ihren Gunsten ausschlagen. Wen-

den Sie diese Taktik an und Sie können Ihren Einfluß auf Ihren Wunschpartner in ungeahnter Weise steigern!

(*Vorsicht:* Diese Taktik wäre ein Schuß, der nach hinten losgeht, wenn sie nicht in Verbindung mit Liebestaktik Nr. 29 angewendet wird.)

Liebestaktik Nr. 29:
Verzeihen Sie, wenn Sie Wut abgelassen haben

Ja, Sie *können* die Achtung eines Menschen gewinnen, wenn Sie fähig sind, ihm entgegenzutreten und ihn zu tadeln, wenn er es verdient! Aber es ist *unerläßlich*, daß Sie der/die Erste sind, der dem andern hinterher freundliche und versöhnliche Gefühle entgegenbringt, wenn Sie die Grundlagen einer Freundschaft nicht zerstören wollen, die Sie bislang aufgebaut haben. Menschen reagieren höchst sensibel auf Tadel, und Ihr Wunschpartner macht da *keine Ausnahme*. Wenn Sie nichts unternehmen, um zu zeigen, daß Sie sich ihm nach wie vor in Freundschaft verbunden fühlen, dauert es nicht lang und er baut Sie sich zum Feindbild auf! Das wäre der romantischen Beziehung ebenso abträglich, als hätte er Ihnen nie Achtung entgegengebracht.

Sobald also Ihre Worte des Zorns ihre Wirkung gezeigt haben, tun Sie etwas, um dem Getadelten zu zeigen, daß Sie ihm trotz Ihrer heftigen Reaktion noch immer zugeneigt sind und nach wie vor Sympathie für ihn empfinden. Falsch wäre allerdings, sich für Ihr Verhalten zu entschuldigen, als sei Ihr Zorn unüberlegt oder nicht angebracht gewesen. (Er *war* angebracht!) Machen Sie keinen Rückzieher. Richtiges Verhalten besteht darin, die Beziehung wieder aufzunehmen und den Vorfall als erledigt und begraben zu erachten.

Der andere wird zunächst ein wenig reserviert reagieren,

auch wenn ihm klar ist, daß Ihre Wut gerechtfertigt war. Sein Stolz wird verletzt sein. (Schließlich ist die Wahrheit oft *schmerzhaft!*) *Lassen Sie sich dadurch nicht beirren!* Erneuern Sie beharrlich Ihre Zuneigung und Freundschaft, so werden sich beim anderen alsbald wieder freundschaftliche Gefühle einfinden. Machen Sie deutlich, daß Ihnen an der Freundschaft viel gelegen ist und daß Sie die Absicht haben, ein *wahrer Freund* zu sein, trotz der Reserviertheit, die der andere Ihnen entgegenbringt. Wenn dies geschieht, wird Ihre Beziehung zu Ihrem Wunschpartner einen großen Schritt in Richtung romantischer Erfüllung getan haben. Es ist das gleiche Prinzip, wie bei zwei Schulbuben, die gute Freunde werden, nachdem die Luft durch einen Faustkampf gereinigt ist!

Kapitel 8

Fördern Sie emotionale Abhängigkeit

Prinzip: Die Menschen sind solchen Personen
emotional ›verfallen‹, die ihr unersättliches
Verlangen nach menschlichem Verständnis
erfüllen.

Es besteht ein großer Unterschied zwischen *lieben* und *verliebt sein*. Wenn Sie *lieben*, haben Sie Ihre Emotionen unter Kontrolle — Sie haben die freie Wahl, wie Sie zu diesem Menschen stehen und auf ihn reagieren. Wenn Sie aber *verliebt* sind, verlieren Sie den Überblick. Sie sind hoffnungslos abhängig von der Person, in die Sie sich verliebt haben und sind Wachs unter ihren Händen. Vergessen Sie nicht: Das Geheimnis, Ihren Wunschpartner zu erobern, besteht darin, ihn/sie emotional abhängig *von Ihnen* zu machen — nicht umgekehrt!

Haben Sie sich schon einmal gefragt, warum Klienten sich so häufig in ihren Psychotherapeuten verlieben? Weil der Mensch dafür anfällig ist, sich dem Menschen zuzuwenden, der seine emotionalen Bedürfnisse erfüllt. In der Beratung stellt der Klient fest, daß seine oder ihre emotionalen Bedürfnisse nach Verständnis vielleicht zum ersten Mal im Leben befriedigt werden. Es entsteht ein Abhängigkeitsverhältnis zum Therapeuten, um eine kontinuierliche Befriedigung dieser Bedürfnisse zu erreichen. Der Klient ›verfällt‹ dem Therapeuten.

Ein ähnlicher Prozeß vollzieht sich, wenn Sie das tiefsitzende Verlangen eines Menschen nach Verständnis befriedigen; Sie werden bald feststellen, daß der Betreffende emotional abhängig von *Ihnen* wird. Will man Erfolg in der Liebe, muß man zuweilen in die Rolle eines Psychotherapeuten schlüpfen. Je besser Sie diese Rolle verkörpern,

desto intensiver die Liebe, die Ihnen von Ihrem Wunschpartner entgegengebracht wird. Mit folgenden Taktiken
wachsen Sie in diese Rolle hinein.

Liebestaktik Nr. 30:
Seien Sie (persönlich!) anwesend!

Sir Edmund Hillary wurde einmal gefragt, was ihn dazu
treibe, Berge zu besteigen und er antwortete: »Weil sie dastehen!« Dieses Prinzip läßt sich auch auf die Liebe anwenden. Es ist eine nüchterne, aber wahre Erkenntnis, daß
die Verfügbarkeit eines Menschen eine große Rolle spielt,
ob jemand sich in ihn verliebt oder nicht.

Die erste Voraussetzung, die Sie erfüllen müssen, besteht also darin, daß Sie sich für Ihren Wunschpartner verfügbar machen. Sie müssen Ihre Gegenwart *bekanntgeben*
und *spürbar* machen. Das wird nicht immer leicht sein. Sie
dürfen nicht zögern, bis zu einem gewissen Grad in sein
oder ihr Leben ›einzudringen‹. Die große Liebe stellt sich
manchmal ein, nicht weil wir sie aktiv suchen, sondern
weil uns jemand die Nase drauf stößt, in einer Zeit, in der
wir glauben, kein Interesse zu haben. Menschen kaufen
das, was ihnen der Verkäufer anbietet. Und wenn die Menschen bereit sind, sich zu verlieben (prägen Sie sich diese
Worte sehr genau ein!), *so stets in denjenigen, der relativ
nahe ist!*

Ein aussichtsreicher Hochschulstudent wandte dieses
Prinzip an, als er seiner zukünftigen Frau den Hof machte.
Erreichte er sie nicht persönlich am Telefon, hinterließ er
stets eine Nachricht für sie, um ihr seine ständige Nähe zu
bekunden. (Dennoch gab er ihr nicht das Gefühl, daß er
restlos nach ihrer Pfeife tanzte! Wenn sie später zurück-
rief, war er mit jemand anders ausgegangen!)

Seien Sie für Ihren Wunschpartner da — auch wenn er/
sie nicht den Anschein erweckt, Sie zu brauchen oder
haben zu wollen! Die Zeit wird kommen, da er/sie jemand

haben will — und dann sind Sie zur Stelle! Wie der Patient, der in Lebenskrisen von seinem Therapeuten abhängig ist, wird Ihr Wunschpartner sich in der Stunde der Not an *Sie* wenden.

Vergessen Sie nicht, die jeder Werbung zugrunde liegende Botschaft lautet: »Sie wollen etwas kaufen — ich habe etwas zu verkaufen!«

Ob es ein unerwarteter Besuch ist, ein kurzer Anruf oder auch nur eine Postkarte, womit Sie Ihren Wunschpartner wissen lassen, daß Sie an ihn denken; solche kleinen Aufmerksamkeiten führen schließlich zu emotionaler Abhängigkeit.

Die Notwendigkeit, wirklich persönlich anwesend zu sein, um den Partner zu erobern, den Sie haben wollen, kann nicht oft genug unterstrichen werden. *Persönlicher, direkter Kontakt ist unerläßlich.* Häufig versuchen Menschen eine Beziehung subtil zu entwickeln (etwa auf dem Briefweg), und wundern sich, warum es nicht klappt. Das ist nicht Fisch, nicht Fleisch! Eine Beziehung aufzubauen ist keine leichte Aufgabe und kann nicht aus der Distanz geschehen.

Gewiß gibt es Beispiele von Menschen, die sich auf dem Briefwege kennenlernten und heute glücklich miteinander verheiratet sind. Doch das ist ein verschwindend geringer Prozentsatz. Damit jemand sich in Sie verlieben kann, muß er Sie zunächst kennenlernen. Es heißt nicht umsonst: »Dich zu kennen, heißt dich zu lieben«, und *das Kennenlernen erfordert persönlichen, direkten Kontakt.*

Warum glauben Sie, gibt es so viele Büroromanzen? Weil die Arbeitswelt die Menschen in Situationen bringt, in denen sie gezwungen sind, Zeit miteinander zu verbringen!

Das bildet den Grundstein für die weitere Entwicklung der Beziehung. Sie müssen zwar nicht mit jemand zusammenarbeiten, bevor er sich in Sie verliebt, aber Sie müssen Zeit mit ihm verbringen!

Liebestaktik Nr. 31:
Seien Sie ein guter Zuhörer

Die Menschen brauchen jemand, dem sie vertrauen können. Das ist ein sehr wichtiger Aspekt! Wir sind glücklicher und funktionieren besser, wenn es wenigstens einen Menschen in unserem Leben gibt, der wirklich weiß und versteht, was uns bewegt.

Und dennoch scheint es vielen von uns schwerzufallen, ihre innersten Gedanken und Gefühle preiszugeben. Wie oft haben Sie schon von einem ratlosen Partner in einer Beziehungskrise die Worte gehört: »Ich bitte ihn, mir zu sagen, was nicht in Ordnung ist, aber er verschließt sich und schluckt alles in sich hinein!« Vielen Menschen fällt es schwer, sich einer so dringlichen Aufforderung zu öffnen.

Was können Sie tun, um Vertrauen zu gewinnen und Kommunikationsschranken abzubauen? Wenden Sie eine Methode an, die wir *besinnliches Zuhören* nennen wollen. Diese Technik kann Ihnen dabei behilflich sein, Ihre Beziehungen zu anderen zu festigen. Über die Details dieser Technik wurden lange Abhandlungen geschrieben, wir wollen hier nur die wichtigsten Elemente herausgreifen. Prägen Sie sich die Technik gut ein und wenden Sie sie in Ihren Beziehungen mit anderen an. Sie werden damit Ihren Einfluß auf andere erhöhen — vor allem Ihren Einfluß auf Ihren Wunschpartner!

1. *Hören Sie ruhig zu, wenn der andere spricht*. Unterbrechen Sie nicht. Lassen Sie ihn reden, so lange er will. Je mehr Bereitschaft Sie zeigen, daß er/sie sich alles von der Seele reden kann, desto tiefer befriedigen Sie sein/ihr emotionales Bedürfnis nach Verständnis. Und außerdem fördern Sie Aufrichtigkeit und Offenheit.

2. *Achten Sie auf eine ruhige Körperhaltung*. Herumzappeln verrät Ungeduld und Desinteresse Ihrerseits. Sie wissen doch, wie wichtig Körpersprache ist! Fahrige Bewegungen können den Sprecher daran hindern, zu sagen, was ihm wirklich auf der Seele und dem Herzen liegt.

3. *Wenn der Sprecher eine Pause macht, um sich zu vergewissern, ob Sie wirklich zuhören und begreifen, geben
Sie ihm durch Kopfnicken zu verstehen, daß Sie zuhören. Beschränken Sie Ihre Kommentare auf kurze Bemerkungen, wie »ja, verstehe...« oder »Mm-hmm...«.*
Jemand erklärte einmal: »Ich will weder Sympathie
noch Kritik. Ich will lediglich ein offenes Ohr.«

4. *Halten Sie Blickkontakt mit dem Sprecher, während er
oder sie redet.* Wenn Sie Ihr Gegenüber nicht ansehen,
geben Sie damit zu verstehen, daß Sie nicht wirklich
daran interessiert sind, was er sagt. (Denken Sie darüber nach, wie *Sie* sich verhalten, wenn Sie wollen, daß
ein anderer aufhört zu sprechen?) Sie können nicht
wirklich erwarten, daß jemand sich öffnet, wenn er
sieht, daß Sie kein Interesse zeigen.

5. *Wenn der andere eine Pause einlegt und auf eine Reaktion von Ihnen wartet, geben Sie gelegentlich (wenn
möglich in Ihren eigenen Worten) eine Zusammenfassung des Gesagten.* Versuchen Sie, seine Gefühle *noch
genauer* zu beschreiben, als er/sie es getan hat. Dieser
Vorgang hilft dem Sprecher, seine Empfindungen zu
identifizieren und ein Gefühl der Gemeinsamkeit mit
Ihnen zu entwickeln. Hier ein Beispiel:

TIM: »Weißt du, ich habe meine Kollegen im Büro
richtig satt!«

TINA: »Sprich weiter...«

TIM: »Ständig nörgeln sie an allem herum, was ich
mache!«

TINA: »Klingt als seist du wütend, weil deine Kollegen
überkritisch sind.«

TIM: »Genau! Sie fallen wegen jeder Kleinigkeit
über mich her und verlieren nie ein Wort darüber, wenn ich meine Sache gut mache.«

TINA: »Sie kritisieren dich also wegen kleiner Fehler
und übersehen völlig deine positiven Leistungen?«

TIM: »Genau so ist es!«

Wenn der andere positiv auf Ihre Zusammenfassung seiner Gefühle reagiert, sind Sie auf dem richtigen Weg. Sie werden erstaunt sein, wie gern Ihnen jemand Einblick in seine Seele gewährt, wenn Sie ihm Verständnis entgegenbringen. Ob Sie es glauben oder nicht, diese einfache Technik bringt andere dazu, stundenlang über sich selbst und ihre Gefühle zu sprechen! Auch Menschen, die normalerweise zurückhaltend und zu solcher Kommunikation unfähig sind, gehen aus sich heraus!

6. *Enthalten Sie sich einer Beurteilung oder Meinungsäußerung über die vom anderen zum Ausdruck gebrachten Ansichten und Gefühle.* Dieser Punkt erfordert einige Übung und Selbstdisziplin. Machen Sie sich nicht zum Richter! Üben Sie keine Kritik! Ebensowenig wie Sie sympathisieren! Bemühen Sie sich um Objektivität. Jede Meinung von Ihnen (ob negativ *oder* positiv) kann dazu führen, daß der andere bedauert, Sie ins Vertrauen gezogen zu haben. Damit schließen sich die Tore der Kommunikation schnell wieder.

Vielleicht fragen Sie sich, warum darf ich keine Sympathie zeigen? Weil Sympathie eine Form der Bewertung ist. Damit wird einer Person zu verstehen gegeben, daß Sie aufgehört haben, zuzuhören und beginnen, Sachverhalte zu beurteilen — bevor der andere seinen Fall wirklich vorgetragen hat. Dadurch entstehen Zweifel an Ihrer Objektivität. Wenn Sie Partei für den Sprecher ergreifen, wird er sich fragen, ob Sie in einem anderen Fall nicht die Partei eines anderen ergreifen? Er fühlt sich verunsichert und zögert, Ihnen Zugang zu tieferen Schichten seiner Gefühlswelt zu gewähren, wo Sie noch größeren Einfluß ausüben könnten.

7. *Geben Sie dem anderen Zeit, sich Ihnen in seinem/ ihrem eigenen Tempo zu öffnen.* Wenn er im Gespräch unlogische Sprünge macht, lassen Sie ihn gewähren! Versuchen Sie nicht, seine Gedankengänge in eine Richtung zu zwingen, die *Sie* für richtig halten. Sie sollten

sich lediglich bemühen, die Kernpunkte seiner Aussagen zu verstehen. Wenn der andere das Gespräch beenden will, auch gut! Akzeptieren Sie das! Drängen Sie ihn nicht, Dinge preiszugeben, zu denen er noch nicht bereit ist. Wenn Sie eine Atmosphäre der Geborgenheit schaffen, in der er/sie sich *ohne Zwang* äußern kann, ohne Angst vor Kritik oder Verurteilung haben zu müssen, werden Sie bald zum Vertrauten, bei dem er/sie ›sich ausquatschen kann‹. Diese Form des geduldigen Zuhörens ist sehr selten und der andere wird bald erkennen, daß ein Zusammensein mit Ihnen ein tiefsitzendes Verlangen stillt. Er wird bezweifeln, ob ein anderer ihm je ein so tiefes *Verständnis* entgegenbringen kann.

Je mehr Verständnis Sie dem Partner, den Sie wollen, entgegenbringen, desto mehr Einfluß haben Sie auf ihn. Und zudem fühlt er sich stärker zu Ihnen hingezogen. Die Bedeutung des besinnlichen Zuhörens, um die Liebe eines anderen zu gewinnen, kann nicht deutlich genug hervorgehoben werden. Sie ist vielleicht *die wichtigste Taktik schlechthin* für Ihren Erfolg in der Liebe. Üben Sie sich darin und wenden Sie die Technik an!

Liebestaktik Nr. 32:
Vermeiden Sie Kritik

Es gibt Praktiken, die für den Erfolg in der Liebe wichtig sind und andere, die es zu *vermeiden* gilt. Was ist eines der wichtigsten Verbote? *Kritik üben!* Immer wieder rechtfertigen die Menschen sich damit, anderen mit ihrer Kritik nur helfen zu wollen, sich zu ›bessern‹, das Traurige daran ist jedoch, daß das nur selten gelingt.

Die Erfahrung hat gezeigt, daß das einzig wirkliche Ergebnis der Kritik darin besteht, das Vertrauen in zwischenmenschlichen Beziehungen zu schwächen. Zugegeben, es kommt vor, daß ein Mensch sich gelegentlich eine kritische Bemerkung zu Herzen nimmt und für ihn nutzbringende

Veränderungen vornimmt. Dennoch schwindet seine Bereitschaft, den Kritiker ins Vertrauen zu ziehen. Und wenn Sie versuchen, die Liebe eines anderen zu gewinnen, ist ein solcher Vertrauensverlust selbstzerstörerisch. Überlassen Sie es anderen, Ihren Wunschpartner auf Fehler aufmerksam zu machen.

Denken Sie in diesem Zusammenhang an Ihre eigenen Empfindungen. Überlegen Sie, wann jemand an Ihnen sogenannte ›konstruktive Kritik‹ geübt hat. Wie haben Sie reagiert? (Seien Sie ehrlich!) Nicht so wahnsinnig toll, stimmt's? Auch wenn die kritischen Bemerkungen angebracht waren, so wirkten sie ohne Zweifel schmerzlich! Was ist danach geschehen? Trug diese Erfahrung dazu bei, Ihre *Zuneigung* für den Kritiker zu vertiefen? Natürlich nicht! Auch wenn jemand seine Verletzung nicht zeigt, er spürt sie! Und niemand ist scharf darauf, eine solche Erfahrung zu wiederholen; es ist also nur eine Frage der Zeit, bevor man dem Kritiker aus dem Wege geht. *Sie sollten nicht dieser Kritiker sein!*

Man ist oft kritisch, ohne es zu merken. Auch wenn Sie sich in den meisten Fällen davor hüten und sich fragen: »Wie würde ich reagieren, wenn jemand so etwas zu mir sagt?«, so gibt es einige subtile Formen der Kritik, die uns möglicherweise gar nicht bewußt sind:

1. *Das Wort ›Warum?‹.* Wenn Sie jemand wirklich auf die Palme bringen wollen, werfen Sie dieses einfache Wort fünfmal hintereinander in ein ganz normales Gespräch. Sie tun es aber auf eigene Gefahr! Sollten Sie hinterher im Krankenhaus landen, ist anzunehmen, daß Sie die Reizwirkung dieses kleinen Wortes unterschätzt haben. Sagen Sie aber nicht, wir hätten Sie nicht gewarnt! Die Frage ›Warum?‹ erzeugt automatisch eine Abwehrreaktion. Ohne es zu wollen verlangen wir damit von anderen, sich uns gegenüber zu rechtfertigen, oder ihre Wahrnehmungen zu rechtfertigen.

Denken Sie darüber nach. Vielleicht ist das der Grund, warum Erwachsene an den Rand der Verzweiflung geraten, wenn ein kleines Kind fragt, ›warum etwas so ist‹. Der Erwachsene bemüht sich redlich um eine erschöpfende Antwort und das Kind fragt wieder ›Warum?‹ Dem Erwachsenen ist der Grund seiner Irritation vielleicht nicht bewußt; er liegt darin, daß das ganze Wertsystem des Erwachsenen durch dieses Wort immer wieder in Frage gestellt wird. Auf ganz verteufelte Weise, die der Erwachsene nicht begreift, hat das Kind sich zum Richter gemacht und der Erwachsene muß sich verteidigen. Das kann sehr aufreibend sein!

Wenn Sie die Gründe, warum ein anderer etwas tut oder eine bestimmte Ansicht vertritt, wirklich wissen wollen, ohne die Absicht zu haben, seine Motive zu bewerten, bemühen Sie sich um eine Fragestellung, die deutlich macht, daß Sie lediglich *verstehen*, nicht *bewerten* wollen. Das erreichen Sie, indem Sie etwa einfach sagen: »Kannst du mir helfen, einige Gründe zu begreifen, warum es so zu sein scheint?« oder »Kannst du mir helfen zu verstehen, warum dieses Vorgehen am günstigsten erscheint?« Damit zeigen Sie Ihr Vertrauen in den anderen und geben Ihrem Wunsch Ausdruck, Zusammenhänge zu verstehen, ohne sie zu beurteilen. Ihr Wunschpartner fühlt sich dadurch weniger kritisiert.

2. *Rat geben*. Ein Sprichwort besagt: »Hüte dich davor, Rat zu geben. Der Weise braucht ihn nicht, der Narr verwirft ihn.« Dazu müssen Sie aber wissen, daß der Weise und der Narr den Rat gleichermaßen verübeln! Hinter jedem Rat steht die Aussage: »Also nun hör mal zu, was ich dir jetzt sage und was du tun sollst...!« Damit bescheinigt der Ratgeber dem anderen die Unfähigkeit, selbst zu entscheiden, welcher Weg in seinem Leben für ihn richtig ist. Das kann eine äußerst abwertende Einstellung sein.

Man wird dennoch versuchen, Sie zu überreden. Man kommt zu Ihnen und fragt: »Was soll ich tun?« *Fallen Sie nicht auf diesen alten Trick herein!* Was der andere wirklich braucht, ist jemand, der ihm besinnlich zuhört. Sollten Sie das nicht glauben, dann überlegen Sie mal, wie viele Menschen in Ihrem Leben Ihre Ratschläge in den Wind geschlagen haben – auch wenn sie zunächst um Rat baten! Im Hinterkopf wissen die Menschen ziemlich genau, was sie zu tun haben. Das Wissen, was zu tun ist, war noch nie das Problem. Der unterbewußte Konflikt besteht darin, ob sie etwas tatsächlich tun sollen! Das ist das Problem. Und wenn Sie einem anderen noch mal sagen, daß er etwas tun soll, was er im Grunde nicht tun will, vertiefen Sie damit nur seinen Konflikt und seine Schuldgefühle, was wiederum Mißmut Ihnen gegenüber hervorruft, weil Sie ihn noch mehr quälen. Sparen Sie sich also Ihre Mühe und Ihren Rat. Wenn Leute um Rat fragen, wollen sie im Grunde genommen nur einen geduldigen Zuhörer.

3. *Kritik üben und vorgeben, es nicht zu tun.* Das ist die schlimmste Form der Kritik. Damit wird etwas als Freundschaft vorgetäuscht, das im Grunde Heuchelei ist. Wenn jemand zu Ihnen sagt: »Ich will dich ja nicht kritisieren, aber...«, wird sich kaum vermeiden lassen, daß Ihr Magen sich verkrampft. Der Kritiker glaubt meist, mit solcherart vorangestellten Worten nehme er seiner Aussage den Stachel. Falsch! Wir fühlen uns oft von jemand, der vorgibt, ein Freund zu sein und uns dann kritisiert, mehr verletzt, als von einem ausgemachten Feind, der uns schon immer feindlich gesonnen war.

Dies sind keineswegs alle subtilen Formen der Kritik, die Sie in Ihrer Beziehung unbeabsichtigt anwenden. Es sind nur einige Beispiele einer großen Vielfalt von Möglichkeiten, wie man ungewollt Kritik übt. Seien Sie davor stets auf der Hut.

Die Moral der Geschichte? Wenn Sie geliebt werden wollen, *üben Sie keine Kritik!* Je weniger Kritik Sie üben, desto leichter fällt es anderen, auch Ihrem Wunschpartner, Sie zu lieben. Es ist eine gute Taktik, die Sie beherzigen sollten. *Vermeiden Sie Kritik!*

Liebestaktik Nr. 33:
Bringen Sie echte Bewunderung und Lob zum Ausdruck

Eheberater haben im Lauf der Jahre durch ihre direkten Beobachtungen zwischenmenschlicher Beziehungen große Erfahrungen gesammelt. So wurde zum Beispiel festgestellt, daß die Tiefe von Liebesgefühlen eines Menschen in einer Zweierbeziehung in direktem Verhältnis dazu steht, wie wichtig und wertvoll er sich in den Augen des anderen sieht. Mit anderen Worten, je wichtiger ein Mensch glaubt für Sie zu sein, desto tiefer seine Gefühle der Liebe, Abhängigkeit und Zugehörigkeit zu Ihnen.

Der Wert, sich wertvoll zu fühlen

Dafür gibt es einen guten Grund. Eines der wichtigsten menschlichen Bedürfnisse neben dem Gefühl, uneingeschränkt akzeptiert zu werden, ist das Gefühl der Wertschätzung. Haben Sie nicht das Verlangen, jemand etwas zu bedeuten? Haben Sie nicht das Bedürfnis, einen echten Wert darzustellen? Andere haben dieses Bedürfnis gleichfalls! Wir wollen nicht nur trotz unserer Fehler akzeptiert werden, wir wollen auch *für unsere positiven Seiten* anerkannt und geschätzt werden.

Dieses emotionale Verlangen kann nur von außen gestillt werden. Lob und Anerkennung können wir uns nicht selbst einreden! Selbstlob ist zu seicht. Einem Menschen, der sich immer wieder vorbetet: »Ich bin der Größte!«, wird eine innere Stimme entgegnen: »Wen willst du eigentlich bluffen? Siehst du nicht, daß du nicht glaubwürdig bist, deine Motive nicht echt sind?«

Objektivität ist die Grundvoraussetzung für eine glaubwürdige Einschätzung. Und tief im Innern erkennen wir alle intuitiv die Unmöglichkeit, emotional losgelöst und objektiv zu sein, wenn es um die eigene Person geht. So wie die Natur es bestimmt hat, daß kein Mensch wirklich sein eigenes Gesicht sieht, so hat sie den Menschen die Fähigkeit verweigert, den eigenen Charakter objektiv zu beurteilen. *Wir brauchen andere!* Nur durch andere können wir unsere Existenz erfassen. Wie Blinde sind wir darauf angewiesen, daß andere uns sagen, wie wir ›aussehen‹ und ob wir Schönheit besitzen. Wenn etwas an uns zu bewundern oder lobenswert ist, muß uns das zunächst jemand sagen, der sich bereit erklärt, für uns zu ›sehen‹. *Wir können uns in solchen Dingen nicht auf unser Urteil verlassen.*

Was hat das nun aber mit der Eroberung des Partners zu tun, den Sie wollen? Folgendes: Ihr Wunschpartner ist ein Mensch mit dem Bedürfnis nach Bewunderung und Anerkennung, das er/sie allein nicht stillen kann. Wenn Sie sich darüber klar sind und sich bewußt bemühen, sein Verlangen in dieser Hinsicht zu stillen, wird er eine tiefere Abhängigkeit für Sie entwickeln.

Die Beruhigung, bewundert zu werden

Die meisten Menschen hungern geradezu nach dieser emotionalen Rückversicherung! Wenn Sie einen Menschen aufrichtig bewundern, sichern Sie sich damit seine Zuneigung. Mögen auch sämtliche populäre Lehren das Gegenteil behaupten, die Meinung anderer ist uns sehr wichtig; *sie bestimmt unseren Selbstwert, nicht Selbstbestätigungen, die wir uns vorbeten.* Selbst wenn Sie sich den ganzen Tag auf die Schulter klopfen, wächst davon Ihr Selbstwert nicht im geringsten; wenn Ihnen aber ein anderer auf die Schulter klopft und sagt: »Gut gemacht, John!« oder: »Prima Leistung, Sue!«, stellt sich das Hochgefühl des Erfolgserlebnisses ein. Die Bestätigung unserer positiven Eigenschaften *muß* von außen kommen, wenn sie irgendeine Bedeutung haben soll. Wenn Sie Ihrem Wunschpartner echte Bewunderung und Lob entgegenbringen, befriedigen Sie damit ein emotionales Bedürfnis, das er selbst nicht stillen kann.

Bewundernswert bewundern

Nun da Sie sich der Bedeutung bewußt sind, den zu bewundern, den Sie gewinnen wollen, müssen Sie sich drei Punkte klarmachen, um echte Bewunderung wirkungsvoll auszudrücken.

Zunächst müssen Sie die Person, die Sie bewundern, davon überzeugen, daß Ihre Anerkennung ernst gemeint ist. Sie müssen den anderen davon überzeugen, daß Ihr Urteil sachlich und fundiert ist − daß Sie ein Lob nicht aus bloßer Schöntuerei aussprechen. Wie schaffen Sie das? *Nehmen Sie sich Zeit, den anderen kennenzulernen. Hören Sie zu, um zu verstehen.*

In einem der vorangegangenen Kapitel dieses Buches haben Sie gelesen, daß Komplimente, die Sie machen, Ihre Sympathie erhöhen. Komplimente sollen zwar ebenfalls ehrlich gemeint sein, können aber als verfrühte Bewertung betrachtet werden. Und darin liegt ihr echter Nachteil. Beide, der Verteiler von Komplimenten und der Empfänger werten sie als oberflächliche Äußerungen, die en passant hingeworfen werden. Komplimente allein befriedigen also nicht die tieferen emotionalen Bedürfnisse eines Menschen. Wie können Sie in diese tieferen Schichten eindringen? Erstens, indem Sie sich Zeit nehmen, um den anderen wirklich zu verstehen. Wenn Sie wirklich daran interessiert sind, Ihre Bewunderung zum Ausdruck zu bringen, müssen Sie sich zunächst Zeit nehmen, den wahren Menschen hinter der Maske der Konventionen durch besinnliches, objektives Zuhören kennenzulernen.

Zweitens, nachdem Sie sich die Mühe gemacht haben, den Menschen wirklich kennenzulernen, achten Sie bewußt auf seine guten Eigenschaften. Jeder Mensch hat bewundernswerte Eigenschaften. *Jede* Münze hat zwei Seiten, und selbst negative Verhaltensweisen sind meist nur eine verzerrte Form einer positiven, leider verkorksten Charaktereigenschaft. Ein Eheberater machte die Ehefrau eines Alkoholikers darauf aufmerksam, daß dessen Heimlichtuerei nur eine verdrehte Form seiner Kreativität sei; und seine Neigung, sich in Selbstmitleid zu ergehen, auf seine unterdrückte Einfühlsamkeit verweise. Darauf entgegnete sie, daß ihr Mann im Beruf kreativ stark gefordert werde und ihr immer aufgefallen sei, wie sehr er sich in andere hineinzuversetzen vermochte. Jeder Mensch hat gute Eigenschaften, die darauf warten, aufgedeckt zu werden. Begeben Sie sich auf die Suche!

Drittens, wenn Sie diese bewundernswerten Eigenschaften gefunden haben, sagen Sie dem Betreffenden, was Sie entdeckt und beobachtet haben! Loben Sie seine/ihre Vorzüge. Sagen Sie, wie sehr Sie von der Beziehung mit ihm/ihr profitieren. Damit geben Sie dem anderen zu verstehen, wie wichtig er für Sie ist und fördern seine Bereitschaft, sich zur Steigerung seines Selbstwertgefühls an Sie zu wenden. Und das wiederum bringt Sie einer erfüllten Liebesbeziehung einen weiteren Schritt näher.

Liebestaktik Nr. 34:
Sympathie kundgeben

Jeder Mensch braucht von Zeit zu Zeit Anteilnahme. Manche Menschen tun so, als stünden sie über diesem Bedürfnis; das sind dann meist diejenigen, die sie am nötigsten brauchen. Wenn Sie Ihrem Wunschpartner in einer Krisenzeit Anteilnahme entgegenbringen, nehmen Sie ihm eine große seelische Last ab und festigen die Bindung, die er/sie an Sie hat. Menschen fühlen sich zu solchen Menschen hingezogen, die ihnen in emotional schweren Zeiten beistehen.

Da Anteilnahme eine Form persönlicher Bewertung ist (allerdings eine positive Form), gelten hier die gleichen Gesetze wie bei der Belobigung: *Bringen Sie Ihre Anteilnahme nicht verfrüht an!* Die Bibel sagt: »Wenn irgendeiner auf eine Sache eine Erwiderung gibt, ehe er sie angehört hat, so ist es ihm Torheit und Demütigung.« Nehmen Sie sich Zeit, um zu verstehen, wie der andere wirklich fühlt, bevor Sie ihm etwas Tröstliches sagen. Sonst wirkt Ihre Anteilnahme oberflächlich und hinterläßt nicht den prägenden Eindruck, den Sie beabsichtigen. Anteilnahme soll nur dann bekundet werden, wenn bereits eine tiefere Schicht gegenseitigen Verständnisses durch einfühlsames, vorurteilsloses Zuhören zustande gekommen ist. Was heißt das? *Hören Sie zunächst besinnlich zu!* Wenn Ihre aufrichtigen Bemühungen um *Verständnis ohne Bewertung* sich dem anderen wirklich eingeprägt haben, bieten Sie ihm Ihren Beistand an. Dann wird er oder sie wesentlich empfänglicher und aufgeschlossener sein für die Anteilnahme, die Sie ihm entgegenbringen.

Das Wort *Sympathie* bedeutet Gleichheit der Gesinnung. Die Menschen müssen wissen, daß sie in ihrem Denken und Fühlen nicht alleine sind. Sie müssen also nur zum Ausdruck bringen, daß Sie in etwa folgendes denken: »Ich mach' dir keinen Vorwurf, daß du so empfindest. Mir würde es unter solchen Umständen genauso ergehen.«

Ist doch ganz einfach, oder? Ob Ihr Wunschpartner unter Angst, Wut oder seelischem Schmerz leidet, tröstende Worte des Mitgefühls wirken Wunder und versetzen ihn/sie in eine zuversichtliche Stimmung. Dadurch wird ein Mensch emotional abhängig von Ihnen. Versäumen Sie es nie, Sympathie zu bekunden. Auch sie ist ein Schlüssel, um den Partner, den Sie wollen, zu erobern!

Kapitel 9

Erschüttern Sie Selbstvertrauen

Prinzip: Je unsicherer ein Mensch sich seiner Position bei Ihnen fühlt, desto empfänglicher reagiert er auf Ihre romantischen Avancen und desto heftiger wird er Sie begehren.

Kein Mensch kann die Liebe eines anderen wirklich würdigen, wenn er diese Empfindung als selbstverständlich erachtet. Er muß eine ständige Unsicherheit spüren, daß er die Liebe jederzeit verlieren kann. Denken Sie immer daran: *Menschen achten das nicht, was sie in Händen halten und sehnen sich nach dem, was sie nicht bekommen können; sie werden völlig wahnsinnig vor Verlangen, wenn sie etwas besitzen, das ihnen zu entgleiten droht!*

Um romantische Gefühle in einem Menschen zu wecken, dürfen Sie ihm keine totale Gewißheit über Ihre Gefühle geben. Es ist notwendig, dem anderen einen nagenden Zweifel einzusetzen, Sie könnten Ihre Meinung trotz Ihrer Zuneigung ändern. Ihr Wunschpartner muß davon ausgehen, daß er Sie jeden Augenblick für immer verlieren kann! Damit öffnen Sie der romantischen Leidenschaft und Liebe Tür und Tor.

Ungewißheit ist die Mutter der Leidenschaft. Zweifel ist der Schlüssel, um die Flut romantischer Liebe zu entfesseln. Pflanzen Sie in den Garten Ihrer Liebe und Freundschaft, in den Sie Ihren Wunschpartner einladen, auch einige Pflänzchen des Zweifels. Dadurch wird der andere sich immer wieder fragen müssen, ob er sich Ihrer wirklich sicher ist. Folgende Taktiken sind Vorschläge, wie Sie das bewerkstelligen.

Liebestaktik Nr. 35:
Hüllen Sie sich in Schweigen

Was würde wohl geschehen, wenn Sie unerwartet aufhören würden zu reden und sich den Rest des gemeinsamen Abends in Schweigen hüllten? Diese einfache Technik kann eine sehr subtile und wirkungsvolle Form sein, eine Beziehung zu beflügeln. Dadurch beginnt der andere an seinem Einfluß auf Sie zu zweifeln und er fragt sich, ob Sie das Interesse an ihm verlieren. Er ist motiviert, Ihren Belangen mehr Aufmerksamkeit zu schenken und Sie enger an sich zu binden. Diese Taktik erfordert feste Entschlossenheit. Warum? Weil das Schweigen auf *Sie* gleichermaßen beunruhigend wirken kann, wie auf den *anderen!* Die Versuchung, das Gespräch wieder aufzunehmen, kann unbezähmbar sein. Wenn Sie klug sind und sich Selbstdisziplin auferlegen und dieser Verlockung widerstehen, verleihen Sie dem Schweigen die Macht, eine beunruhigende Wirkung auf Ihren Auserwählten auszuüben. Wer diese Taktik richtig anwendet, dessen Geduld wird schließlich reich belohnt.

Das Angenehme am Schweigen ist, daß alles der Phantasie des Partners überlassen bleibt. Und bei Unsicherheiten und Selbstzweifel anderer ist die Phantasie Ihre beste Waffe. Wenn Sie Ihrem Partner *sagen*, daß er Gefahr läuft, Sie zu verlieren, erreichen Sie nicht halb soviel als damit, wenn er *sich die Frage selbst stellt!*

Hier die Geschichte eines jungen Mannes, der diese Taktik bei dem Mädchen anwandte, das er später heiratete. Er benutzte sie zu einem Zeitpunkt der Beziehung, als seine Partnerin seine Aufmerksamkeit und die Beweise seiner Zuneigung als selbstverständlich entgegennahm. Auf der Heimfahrt nach einem gemeinsam verbrachten Abend verwandelte sich der ansonsten heitere, gesprächige Mann in einen stummen, teilnahmslosen Klotz, was ihr natürlich nicht verborgen blieb. Als das Schweigen immer drückender wurde, geriet ihr seelisches Gleichgewicht ins Wanken, ihr Selbstvertrauen war erschüttert. (Genau das müssen Sie tun: *Erschüttern Sie Selbstvertrauen!*) Zum ersten Mal in ihrer Beziehung spürte sie, daß er ihr entglitt. Sie bat ihn anzuhalten und sagte ihm unter Tränen, sie habe das Gefühl, ihn zu verlieren und fragte, was nicht in Ordnung sei. Sie war bereit, den Schaden wiedergutzumachen.

Eine solche Reaktion ist nichts Ungewöhnliches! Die Taktik funktionierte in einer beginnenden Liebesgeschichte; sie wird auch bei Ihnen klappen. Wenden Sie diese Technik zu Ihrem Nutzen an. Auch wenn Ihr Wunschpartner sich nach außen nicht anmerken läßt, daß er Befürchtungen hegt, Sie zu verlieren, können Sie davon ausgehen, daß diese Frage insgeheim an ihm nagt.

Motiviert durch das eben angeführte Beispiel berichtete ein anderer hoffnungsvoller Bewerber von seinem Versuch, diese Taktik bei einem hübschen und allgemein beliebten Mädchen anzuwenden, das ihn kühl und hochnäsig behandelte. Sie ging zwar mit ihm aus, wirkte aber ziemlich gelangweilt und beteiligte sich kaum am Gespräch. Sie benahm sich, als wolle sie sagen: »Ich kann's kaum erwarten, bis der Typ mich nach Hause bringt!«

Der junge Mann hingegen bemühte sich, fröhlich zu sein, redete fortwährend und behandelte sie den ganzen Abend sehr zuvorkommend; tat so, als bemerke er ihre Stimmung gar nicht. Ganz offensichtlich war sie der Meinung, sie habe ihn um den Finger gewickelt und benahm sich weiterhin wie ein verwöhntes Kind.

Auf der Heimfahrt, kurz bevor er sie an ihrer Wohnung absetzte, hörte er auf, sie zu beachten. Kein Lächeln. Kein Blick. Und er sprach kein Wort mehr mit ihr. Seine Hände hielten das Lenkrad, sein Blick war geradeaus auf die Straße geheftet. Seine Gedanken schienen Lichtjahre von ihr entfernt zu sein, er wirkte geistesabwesend und kühl!

Er wußte genau, was er tat, sie hingegen hatte keine Ahnung, was in ihm vorging! Dieses Verhalten stand nun in starkem Kontrast zur Aufmerksamkeit, die er ihr den ganzen Abend über geschenkt hatte. Bald überlegte sie wohl, ob sie ihn möglicherweise gekränkt haben konnte. (Genau das hatte sie den ganzen Abend unbewußt getan.)

Ursprünglich hatte sie zwar den Vorsatz gehabt, ihn abzuwimmeln, wollte sich aber keinesfalls seinen Zorn zuziehen. Nun bemühte sie sich zum ersten Mal an diesem Abend, ein Gespräch in Gang zu bringen; er gab nur knappe, zerstreute Antworten und machte keinerlei Anstalten, etwas zur Unterhaltung beizusteuern. Kurzum, er zahlte ihr ein wenig von dem heim, wie sie ihn den ganzen Abend behandelt hatte, und das begann sie zu entnerven.

Er hatte vorgehabt, sie nach einem höflichen Abschied vor ihrer Tür abzusetzen, wollte, daß sie sich über den Abend Gedanken machte – sich überlegte, wieso er plötzlich das Interesse an ihr verloren hatte! Doch dann geschah etwas höchst Erstaunliches! Nun bemühte sie sich, sein Interesse zurückzugewinnen. Sie machte ihm Komplimente, wie wundervoll der Abend mit ihm war. Und als er sich dadurch nicht beeindrucken ließ, überredete sie ihn wortreich, noch ein paar Minuten mit reinzukommen. Er tat ihr den Gefallen, verabschiedete sich aber nach wenigen Minuten wieder.

Dies ist ein Beispiel, wie schnell das Blatt mit einer simplen Taktik sich wenden kann. Das Mädchen verhielt sich ihrem Verehrer gegenüber von diesem Tag an wesentlich aufmerksamer und respektvoller.

Scheuen Sie sich nicht, wenn nötig in Schweigen zu verfallen. Wenn Sie sich nicht hin und wieder reserviert geben, werden Sie nämlich zur Selbstverständlichkeit. Und das wäre für Ihre Hoffnungen, bei Ihrem Wunschpartner romantisches Interesse für Sie zu wecken, *eine Katastrophe!*

Schalten Sie also gelegentlich auf Schweigen! Und halten Sie das Schweigen durch. Wenn Sie den Mut haben, Ihren Wunschpartner abends nach Hause gehen zu lassen mit dem Echo des Schweigens in seinen/ihren Ohren, wird das beim Betreffenden das Feuer der Leidenschaft schüren!

Liebestaktik Nr. 36:
Zeigen Sie die kalte Schulter

Nichts, aber auch gar nichts, eignet sich besser dazu, die teilnahmslose Haltung eines Menschen in fieberndes, romantisches Begehren für Sie zu verwandeln, als eine kalte Schulter! Eheberatern ist diese typische, vorhersehbare Reaktion in zwischenmenschlichen Beziehungen wohl bekannt. Die Apathie eines Menschen verwandelt sich umgehend in leidenschaftliches Begehren, wenn er erkennt, daß ein Besitz, den er als selbstverständlich angesehen hat, in Gefahr ist, für immer verloren zu gehen.

Ein klassisches Beispiel hierfür ist die Beziehung zwischen Rhett Butler und Scarlet O'Hara in dem Filmklassiker *Vom Winde verweht*. Während der ganzen Geschichte ist Rhett Butler unermüdlich um die Zuneigung von Scarlet bemüht. Doch erst als er sie am Ende mit dem berühmten Satz verläßt: »Ehrlich gestanden, meine Liebe, es ist mir völlig egal«, erkennt sie, daß sie ohne ihn nicht leben kann!

Diese Situation ist lebensnaher, als die meisten Menschen erkennen. Nehmen wir ein ähnliches Beispiel, das einer Studentin widerfuhr. Ein junger Mann, der sie nicht im geringsten interessierte, verliebte sich in sie und begann ihr leidenschaftlich den Hof zu machen. Er überschüttete sie mit Telefonaten, überraschenden Besuchen und ständigen kleinen Aufmerksamkeiten. Sie sagte, er sei ihr damals lediglich lästig gewesen und habe sie irritiert. Trotz der vielen Abfuhren, die sie ihm erteilte, blieb er beharrlich und zeigte ihr weiterhin seine Zuneigung.

Endlich erreichte sie, was sie wollte – oder *glaubte* zu wollen. Er gab auf! Ganz plötzlich stellte er seine Besuche und Anrufe ein. Und raten Sie, was geschah! »Plötzlich fehlte er mir!« gestand sie.

Beide wußten nicht, daß seine Aufmerksamkeit und selbstlose Liebe, die er ihr so lange entgegenbrachte, bei ihr eine unterbewußte Bindung entstehen ließ. Erst als er sie aufgab, erkannte sie ihre verborgenen Gefühle und wurde sich der Zärtlichkeit bewußt, die sie für ihn empfand.

Diese Reaktion ist nicht unüblich. *Sie ist die Regel!* In vielen Fällen ist dieser unvorhersehbare Vorteil des Bewerbers leider vergeblich. Warum? Weil derjenige, der die kalte Schulter zeigt, nicht zurückkehrt. Würde er einen zweiten Versuch unternehmen, würde er einen wesentlich aufgeschlosseneren und empfänglicheren Partner vorfinden, der auf seine zweite Chance wartet!

Jeder Verkäufer kennt das Prinzip: Um einen Kunden zum Kauf zu bewegen, muß die Entscheidung letztlich eine gewisse Dringlichkeitsstufe haben. Die Botschaft lautet niemals: »Wann immer Ihr Entschluß gereift ist, schauen Sie vorbei, ich warte auf Sie...«, sondern: »Wenn Sie heute nicht zugreifen, ist die Gelegenheit morgen vielleicht vertan!« Die Verkaufspsychologie ist besonders wirksam in der romantischen Liebe, da die Gelöbnisse bei der Trauungszeremonie die wichtigste Geschäftstransaktion sind, die ein Mensch je macht! Die Botschaft, die Sie übermitteln, lautet: »Jetzt oder nie!«, und Sie müssen die Wirkung dieser Botschaft verstärken, indem Sie den anderen ein wenig spüren lassen, wie das Leben ohne Sie aussehen kann.

Ein Mädchen, das von ihrem Freund jahrelang als Selbstverständlichkeit betrachtet wurde, eröffnete ihm schließlich, daß sie ein Stellenangebot in einer anderen Stadt annehme und wegziehe. Er konnte nicht fassen, daß sie die innere Kraft besaß, ihn zu verlassen und fragte, wie sie überhaupt daran denken könne, so etwas zu tun. Sie entgegnete: »Ich liebe dich, Monty, aber ich komme auch ohne dich klar.« Das zerschmetterte ihn völlig und eine Woche später hielt er um ihre Hand an! Hätte sie ihre Fähigkeit nicht bewiesen, ihm die kalte Schulter zu zeigen und ihr eigenes Leben zu führen, würden beide vielleicht bis heute noch in der Luft hängen! Denken Sie daran — die meisten Abhängigkeiten werden erst dann erkannt, wenn die Quelle versiegt. Wenn Sie Ihren Wunschpartner nie den Schmerz des Verlustes spüren lassen, Sie für eine Weile zu verlieren, wird ihm/ihr nie voll bewußt, wie sehr er/sie Sie wirklich braucht!

Wäre es nicht eine Schande, Ihr ganzes Leben damit zu verbringen, von Ihrem Wunschpartner als Selbstverständlichkeit betrachtet zu werden? Manchmal genügt es bereits, einmal die Muskeln spielen zu lassen! Wenn Sie ihm zeigen, wie öde oder schmerzlich ein Leben ohne Sie sein kann, wird Ihr Wunschpartner zu einer respektvolleren und aufmerksameren Haltung Ihnen gegenüber finden.

Manche Menschen behaupten, solche Taktiken seien ausbeuterisch und unmoralisch. Das stimmt nicht! Wenn Sie allerdings Ihre eigene Situation durch Beeinträchtigung der Situation eines anderen verbessern wollten, wäre dieses Verhalten ausbeuterisch. Wenn es Ihnen aber darum geht, die Position eines anderen *gemeinsam mit* Ihrer eigenen zu verbessern, dann ist das ein *gutes Geschäft!* (Und wird gemeinhin als ›Gewinn/Gewinn-Philosophie‹ bezeichnet.) Im Idealfall sollten *beide* Parteien in allen zwischenmenschlichen Beziehungen oder Transaktionen profitieren, und das ist das ausdrückliche Ziel dieses Buches.

Mit dieser Erkenntnis fassen Sie Mut und seien Sie beherzt! Wenn Sie in einer Beziehung lange selbstlos waren, zögern Sie nicht, dem anderen die kalte Schulter zu zeigen. Lassen Sie ihn spüren, was es bedeutet, eine Weile ohne Sie zu leben! Dann kehren Sie großmütig zu Ihrem Wunschpartner zurück und geben ihm eine zweite Chance. Sie werden erstaunt sein, wie wirksam diese Taktik ist!

Liebestaktik Nr. 37:
Schaffen Sie Konkurrenz

Würden Sie gern versteckte Leidenschaften in Ihrem Wunschpartner wecken und ihn dazu bringen, daß er um Ihre Zuneigung *bettelt?* Dann schaffen Sie eine Herausforderung für ihn! Geben Sie Ihrem Auserkorenen Grund zur Eifersucht. Geben Sie ihm nicht das Gefühl, der einzig attraktive Typ in der Stadt zu sein! Gehen Sie aus und amüsieren sich mit anderen Männern (Frauen). Flirten Sie ruhig ein wenig! Sie werden erstaunt sein, wie schnell ein wenig Rivalität heißblütige, romantische Wünsche Ihres Partners für Sie weckt!

Ein junger Mann war fünf Jahre ziemlich locker mit einem Mädchen befreundet, bis er feststellte, daß sie mit einem anderen Mann ausging. Als er das hörte, begann er sofort leidenschaftliche Gefühle für sie zu empfinden, derer er sich gar nicht für fähig gehalten hätte. Seine Achtung und Zuneigung für sie schwangen sich zu neuen Höhen auf!

Eine ähnlich latente Bombe leidenschaftlicher Gefühle schlummert in Ihrem Wunschpartner. Sie müssen nur die Zündschnur anbrennen! Ann Landers definierte die Liebe einmal als »Freundschaft, die Feuer gefangen hat!«. Wenn das so ist, dann besteht der Schlüssel zur Liebe (sobald Sie eine gute, solide Freundschaft aufgebaut haben) darin, ein wenig Tumult in die Beziehung zu bringen!

Die Taktik, Konkurrenz zu schaffen ist natürlich so alt wie die Liebe selbst. Beim Herumstöbern in einer Buchhandlung entdeckte einer der Autoren vor kurzem ein Exemplar von Ovids *Liebeskunst*, ein Buch, das vor nahezu zweitausend Jahren verfaßt wurde. (Anscheinend gab es auch im alten Rom *niemand*, der gegen die Qualen des Liebesleids gefeit gewesen wäre.) Der Leser stellte zu seinem Erstaunen fest, daß Ovid bereits damals seinen Zeitgenossen empfahl, sich die *Rivalität* zunutze zu machen, um beim Wunschpartner Zuneigung hervorzurufen!

Obgleich die Menschen wissen, wie hervorragend diese Technik funktioniert, schrecken viele davor zurück, sie anzuwenden! Ihre Argumentation ist einfach: sie haben ihr Interesse auf eine Person fixiert, warum also Zeit mit anderen vergeuden? Es gibt jedoch zwei triftige Gründe, die dafür sprechen, sich in Umlauf zu halten. Erstens, wenn

Sie von Ihrem Wunschpartner voll anerkannt sein wollen, muß er das Gefühl haben, ein Glückspilz zu sein, Sie zu bekommen. Daher ist es wichtig, den Eindruck entstehen zu lassen, Sie schenken einem anderen Ihre Zuneigung. Sobald Ihr Wunschpartner von dieser Möglichkeit überzeugt ist, wird sein Interesse an Ihnen steigen. Zweitens wird Ihr Verlangen nach Gesellschaft in gewisser Weise befriedigt, wenn Sie zwischenmenschliche Beziehungen mit anderen (Ausgehen, Freundschaft, Flirten etc.) pflegen. Das macht Sie nicht nur zu einer stärkeren und selbstbewußteren Persönlichkeit in anderen Lebensbereichen, sondern *auch in der Beziehung zu Ihrem Wunschpartner!* Sie strahlen Selbstvertrauen und Eigenständigkeit aus und fordern ihn zu neuen emotionalen Höhen heraus. Werden Sie also nicht zum Einsiedler! Gehen Sie auf die Spielwiese! Das ist gut für Sie und für Ihren Partner.

Liebestaktik Nr. 38:
Sagen Sie eine Verabredung ab

Mit der Absage einer Verabredung gehen Sie zwar das Risiko ein, den anderen zu verärgern, gewinnen damit aber auch seine Liebe! Denn damit zeigen Sie ihm, daß Sie Ihr Tun nicht abhängig von seiner Meinung machen. Es ist eine subtile Form, sich in einer Beziehung erneut in den Vordergrund zu spielen, wenn der andere anfängt zu denken, er/sie sei ›obenauf‹! Wenn Sie eine Verabredung nicht einhalten, wird der andere an seiner Fähigkeit zweifeln, Sie zu dominieren, was wiederum seine romantische Leidenschaft für Sie entfacht. Denken Sie daran: Die Menschen sehnen sich danach, das Unerreichbare zu erobern. Die Absage einer Verabredung kann für Ihren Wunschpartner eine neue Herausforderung sein und sein Interesse an Ihrer Person wieder erwecken!

Ein junger Mann machte diese Erfahrung nach einigen fehlgeschlagenen Liebesbeziehungen. Er berichtete, er sei stets offen und ehrlich mit seinen Wunschpartnerinnen gewesen, mußte aber leider feststellen, daß seine Offenheit nur dazu führte, daß die Frauen sich bald wieder von ihm abwandten. Immer wieder verloren sie das Interesse an ihm und verließen ihn, kurz nachdem er ihnen seine Gefühle eröffnet hatte.

Schließlich stellte er die Vermutung an, es könne an seiner Offenheit liegen, daß seine Hoffnungen immer zunichte gemacht wurden, und er versuchte es mit einer neuen Taktik. Als eine neue Beziehung sich zu vertiefen begann, rief er das Mädchen an und sagte ein geplantes Treffen ab, statt ihr seine Zuneigung zu gestehen.

Den Abend danach verbrachte er niedergeschlagen und fürchtete, die beste Chance seines Lebens vertan zu haben. Weit gefehlt! Hatten andere Mädchen ihn in diesem Stadium der Beziehung verlassen, so verliebte dieses Mädchen sich rasend in ihn! Er hatte sie auf die Bewährungsprobe gestellt und sie hatte entsprechend reagiert! Zögern Sie also nicht, diese Taktik anzuwenden. Sie werden damit Erfolg haben!

Kapitel 10

Halten Sie Interesse und Hoffnung wach

Prinzip: Um die romantischen Gefühle eines Menschen wach zu halten, muß er den Hoffnungsschimmer haben, daß Sie seine Gefühle erwidern. Ohne diese Hoffnung wird das Interesse an Ihnen schließlich versiegen.

Die Liebe ist eine empfindsame Pflanze. Sie gedeiht auf dem Boden der *Ungewißheit*. Ist man sich einer Person zu sicher, ist jegliche Spannung ausgeschaltet. Andererseits bedeutet totale Ungewißheit das Aushungern einer Beziehung. Sie sollten also Ihrem Wunschpartner auf keinen Fall das Gefühl geben, ihm verfallen zu sein, ihm aber gleichzeitig den Hoffnungsschimmer geben, es könne dazu kommen! Wie stellen Sie das an? Lesen Sie weiter.

Liebestaktik Nr. 39:
Nehmen Sie erneut Kontakt auf (nachdem Sie die Beziehung kurzfristig unterbrochen haben)

Sobald Sie dem anderen zu verstehen gegeben haben, daß Sie das Interesse verlieren, verändern Sie Ihre Taktik. Überraschen Sie ihn mit einem Anruf. Schauen Sie auf einen kurzen Besuch bei ihm/ihr vorbei. Wichtiger noch, gehen Sie mit dem Wunschpartner aus, unternehmen Sie *gemeinsam* etwas!

Ist Ihnen schon aufgefallen, daß die allgemeine Strategie dieses Buches darin besteht, Ihren Wunschpartner ein wenig zu verwirren und aus dem Gleichgewicht zu bringen? Sie wollen vermeiden, daß der andere genau weiß, was er von Ihnen als nächstes zu erwarten hat! Das bedeutet, daß Ihr Interesse zwischen heiß und kalt schwankt! (Sie kennen die Bezeichnung ›wetterwendisch‹! Diese Maßnahme wirkt Wunder in der Eroberung des Wunschpartners.) Jeder erfahrene Liebende weiß, wie wichtig es ist, die Taktik in der Entwicklung einer Beziehung zu verändern. Diese Form der Unvorhersehbarkeit ist für den Fortbestand einer Liebesbeziehung ebenso wichtig, wie das Wechseln der Farbe für das Überleben des Chamäleons.

Als generelle Regel gilt, daß Menschen bei einer zweiten Chance eher bereit sind, eine Beziehung aufrechtzuerhalten. Sie sind beim zweiten Mal wesentlich stärker motiviert! Der Partner weiß den Wert Ihrer Zuneigung oft erst zu schätzen, wenn er die Leere, die Ihre Abwesenheit hinterläßt, gespürt hat. Wenn sich also eine Gelegenheit bietet, die Beziehung wieder anzuknüpfen, ist sie von weit größerer Anerkennung und tieferer Zuneigung begleitet. Lassen Sie Ihren Wunschpartner eine Weile in dem Glauben schmoren, Sie verloren zu haben, bevor Sie erneut Kontakt zu ihm/ihr aufnehmen und ihm eine zweite Chance geben!

Nur weil die Beziehung eine Krise durchmacht, heißt das nicht, daß sie zu Ende ist. Sie ist erst vorbei, wenn *Sie* ihr den Rücken kehren. Behaupten Sie gelegentlich Ihren festen Standpunkt, schimpfen Sie, wenn nötig oder brechen Sie den Kontakt zu Ihrem Wunschpartner vorübergehend ab. *Versäumen Sie jedoch nicht, den Kontakt wieder aufzunehmen und dort wieder anzufangen, wo Sie aufgehört haben, nachdem der Rauch verzogen ist. Sie werden erstaunt sein, welch positive Resultate Sie damit erzielen!*

Liebestaktik Nr. 40:
Bringen Sie sich in Erinnerung

Nachdem Sie Ihren Wunschpartner über Ihre Gefühle ein wenig in Ungewißheit versetzt haben, lassen Sie ihm kleine

Zeichen Ihrer Zuneigung zukommen, eine kurze Nachricht, ein kleines Geschenk; achten Sie allerdings darauf, daß diese Zeichen unverbindlich und neutral sind. Hüten Sie sich vor zu vielen Worten in einer schriftlichen Botschaft. Bereits die Tatsache, daß Sie ein Lebenszeichen von sich geben, weist Ihr Interesse aus.

Ein Wort zur Vorsicht: Hüten Sie sich davor, in einem zu frühen Stadium der Beziehung Zeichen der Zuneigung zu geben, oder in einer Zeit, wenn der andere sich ohnehin Ihrer Gefühle zu sicher ist. In diesem Fall werden Ihre Liebesbeweise nur als selbstverständlich aufgenommen. Damit erobern Sie den anderen nicht, Sie verleiten ihn höchstens dazu, Sie gering zu achten (oder sogar zu verachten!). Dennoch begehen viele unerfahrene Liebende diesen Fehler. Ein ohnehin übersteigertes Ego braucht keine zusätzliche Bestätigung! Denken Sie daran, Liebe gedeiht auf dem Boden der Ungewißheit! Bevor Sie einem anderen also einen Liebesbeweis zukommen lassen, sollten Sie sicher sein, daß er/sie erhebliche Zweifel an Ihrer Zuneigung hat.

Liebestaktik Nr. 41:
Lassen Sie körperliche Reize spielen

Das Hochgefühl des ›Verliebtseins‹ ist zweifelsfrei ein auf Sexuelles bezogenes Phänomen. Ob Sie sich dessen bewußt sind oder nicht, das Motiv aller Liebesaktivitäten ist der Sexualtrieb des Menschen. Diese Kraft hält Eheleute und Familien überhaupt zusammen. Ohne sie würden sich wenige Menschen veranlaßt sehen, ihr ganzes Leben in einer so ausschließlichen Institution wie die Ehe sie ist, zu verbringen.

Aus diesem Grund wäre es also sinnlos zu erwarten, das Herz eines anderen vollständig und ausschließlich zu gewinnen, wenn Sie kein körperliches Verlangen bei ihm/ihr wecken würden. Und deshalb, meine Freunde, wurde der

Kuß erfunden! Das Küssen weckt Leidenschaft und ist ein unschätzbares Instrument, zwei Partner emotional aneinander zu binden und sie auf die Ehe vorzubereiten. Küssen verhilft auf subtile Weise zu körperlicher Nähe. Im Kuß steckt ein ähnlich positives und negatives Potential wie im Feuer, mit beiden kann man richtig umgehen und Mißbrauch treiben. Der kluge Umgang kann Menschen dazu motivieren, die für eine dauerhafte Beziehung unerläßliche Bindung einzugehen. Gerät der Umgang jedoch außer Kontrolle, kann das Feuer des Kusses jede mögliche Hoffnung auf Dauerhaftigkeit einer Beziehung zerstören.

»Schön und gut«, mögen Sie jetzt sagen, »zunächst muß ich aber meinen Wunschpartner dazu kriegen, mich zu küssen! Wie nehme ich denn diese Hürde?«

Kein Problem. Die den *Liebestaktiken* zugrunde liegende Philosophie besteht darin, daß ein Mensch *agiert*, nicht *reagiert*, um Erfolg in der Liebe zu haben. Wenn also der andere keinen Wunsch bekundet, die Zuneigung zu vertiefen, ergreifen *Sie* die Initiative. Es ist unwichtig, ob Sie ein Mann oder eine Frau sind; wichtig ist, daß Sie eine feste Basis von Freundschaft und Respekt geschaffen haben, bevor Sie weitere Schritte unternehmen. Es ist egal, wer den ersten Schritt tut, der Schritt muß nur getan werden. Eheberater stellen oft fest, daß ihre männlichen Klienten den Wunsch äußern, daß die Frau die Initiative in der Beziehung ergreift!

Stellen Sie zunächst fest, ob Ihr Wunschpartner sich in Ihrer Nähe wohlfühlt, indem Sie mit nicht sexuellen Berührungen beginnen. Jeder Mensch sehnt sich nach der Wärme körperlicher Berührung und Nähe. Es kommt aber auch vor, daß der Mensch, auf den Sie ein Auge geworfen haben, sich unbehaglich fühlt, körperliche Zärtlichkeit zu geben und zu empfangen. Warum? In vielen Fällen ist der/die Betreffende einfach nicht an engen physischen Kontakt gewöhnt. Sie müssen Ihren Wunschpartner allmählich an körperliche Berührungen gewöhnen. Wie? Indem Sie behutsam und geduldig vorgehen. Beginnen Sie mit kurzen, nicht sexuellen Berührungen – nebenbei, während einer Unterhaltung. Steigern Sie die Dauer des Kontakts allmählich, ebenso die Häufigkeit. Schultern, Rücken und Arme sind ungefährliche Körperpartien, die ohne große Gefahr einer traumatischen emotionalen Reaktion berührt werden können.

Irgendwann müssen Sie jedoch zur Sache kommen. Der erste Kuß sollte kein allzu vorsichtiges Herantasten sein, etwa als wollten Sie mit der großen Zehe die Wassertemperatur prüfen, bevor Sie in den See springen. Gehen Sie ran! Sie haben eine Entscheidung getroffen, was Sie tun wollen. Achten Sie zunächst nicht darauf, ob der andere den Wunsch hat, Sie zu küssen oder nicht. Machen Sie sich ein Vergnügen daraus; es ist keine große Affäre, ob der andere daran interessiert ist, Sie zu küssen oder nicht. (Die ersten Küsse sollten übrigens nicht zu lange dauern. In der Kürze liegt die Würze. Ein langer, leidenschaftlicher, erstickender Kuß gleich zu Beginn kann in einer kurzen, leidenschaftslosen, erstickten Beziehung enden! Der Kuß soll Spaß machen, keine todernste Angelegenheit sein.)

Was geschieht, wenn Ihr Wunschpartner Ihren Kuß tatsächlich nicht erwidern will? Dann geht die Welt auch nicht unter! Es ist in Ordnung! Lassen Sie sich davon nicht aus der Bahn werfen! Haben Sie noch nie etwas von einem geraubten Kuß gehört?! Der Wunsch, Ihren Partner zu küssen, gehört zum Prozeß, ihn/sie für Sie zu erwärmen und sein/ihr Verlangen zu wecken!

Denken Sie daran – Erfolg in der Liebe (wie in jedem anderen Lebensbereich auch) hängt von Ihrer Bereitschaft ab, unabhängig von der Meinung anderer Leute zu *agieren*, nicht bloß zu *reagieren*. Das Buch *Liebestaktiken* ist nicht nur eine Aneinanderreihung von Richtlinien, um Menschen zu analysieren und festzustellen, ob ein anderer Sie je nach Laune mag oder nicht mag. Es liefert vielmehr ein aktives Prinzipiensystem, mit dem Sie die Liebe eines anderen gewinnen, unabhängig davon, ob der/die Betreffende Sie zunächst mag oder nicht!

Was geschieht, wenn Ihr Wunschpartner auf Ihren ersten Versuch, ihn zu küssen, nicht reagiert? Nehmen Sie das Gespräch wieder auf, als sei nichts passiert. Messen Sie einer Abfuhr keine große Bedeutung bei. Später in den stillen Stunden *nach* dem Rendezvous wird die Saat des Verlangens aufkeimen. Ihr Wunschpartner wird Überlegungen anstellen, wie es hätte sein können, *wenn*... und beim nächsten Mal ist er entgegenkommender!

Wird Ihr Kuß erwidert, küssen Sie mit Hingabe, aber nicht *zu* lang! *Sie* beenden den Kuß. Dehnen Sie ihn nicht zu lange aus. Besser, Ihr Wunschpartner hungert nach mehr, als er langweilt sich mit einem Zuviel! Warum? Wenn Sie den Kuß so lange hinziehen, bis der andere das Bedürfnis hat, ihn zu beenden, schränken Sie Ihren Einfluß für die Zukunft ein. Vergessen Sie nicht: *Sie* ergreifen die Initiative und *Sie* sagen, wann es genug ist. Behalten Sie die Kontrolle in der Beziehung. Damit erobern Sie Ihren Wunschpartner im Sturm!

Weitere intime sexuelle Beziehungen stehen den Zielen dieses Buches entgegen. Wir raten mit allem Nachdruck davon ab. Gedulden Sie sich damit bis nach der Hochzeit! Das wollen Sie vielleicht nicht hören, doch die Erfahrung bestätigt nur die Weisheit dieses Rates. Die Geschichte beweist, daß die Menschen in Gesellschaftsformen mit strengem Moralkodex und Keuschheitsgeboten ein glücklicheres Leben führten. Je strikter intime sexuelle Beziehungen auf die Ehe beschränkt sind, desto reizvoller wird diese Institution! Sich vorzeitig hinzugeben und Ihre Trumpfkarten zu verschenken, wertet Sie lediglich beim Partner ab. Damit können Chancen zunichte werden, eine echte Bindung in einer Beziehung aufzubauen. *Einer* der Partner wird in frühzeitigen sexuellen Praktiken immer ausgenutzt und es bleibt nicht genug Achtung, um die Liebe aufzubauen, die für das Glück beider Partner notwendig ist. Viele Partner verschreiben sich jedoch diesen gegenseitigen Ausbeutungsmechanismen, ohne den Schaden zu erkennen, den die Beziehung dadurch erleidet.

Sehen Sie die Dinge richtig – das Ziel unseres Buches besteht von Anfang an darin, Ihren Wunschpartner davon zu überzeugen, Sie zu heiraten! Die lohnendste Form der Liebe ist die Liebe *innerhalb der Institution der Ehe!* Wenn Sie aber Ihren Körper und Ihre Seele vorzeitig hingeben, ohne dem Partner das Eheversprechen abzufordern, sabotieren Sie unbewußt Ihre Bemühungen, dieses Ziel zu erreichen.

Gewiß, vorehelicher Sex ist in unserer modernen Gesellschaft weit verbreitet. Aber schauen Sie sich doch um! Ist *unglückliche Liebe* nicht ebenso weit verbreitet? Vorehelicher Sex ist nicht schädlich, weil er auf Mißbilligung stößt. Er wird mißbilligt, weil er schädlich ist! Darin liegt der Unterschied zwischen einer vorübergehenden und einer *dauerhaften* Beziehung.

Dessen ungeachtet empfehlen wir, eine Beziehung mit Küssen zu vertiefen, wobei die Kontrolle nie verloren werden darf. Der vorsichtige Umgang mit dem Küssen festigt die Bindung und trägt dazu bei, die dauerhafte Liebe Ihres Wunschpartners zu erringen!

Kapitel 11

Diplomatische Konfrontation

> Prinzip: Wenn Ihr Wunschpartner sich von
> Ihnen vollkommen verstanden und akzeptiert
> fühlt, schwindet sein Bedürfnis, sich seiner
> Liebe zu Ihnen zu widersetzen. Er wird sich
> entgegen aller Logik und Widerstands-
> bemühungen in Sie verlieben.

Eines der schwierigsten Hindernisse, das Ihnen in der Eroberung Ihres Wunschpartners begegnet, ist seine still-
schweigende Unterstellung, Sie könnten die Wahrheit
nicht ertragen. Er geht davon aus, es würde Sie zu sehr
kränken, wenn er Ihnen direkt sagte, daß er Sie nicht
haben will (außer als Freund[in]). Im Bemühen nett zu
sein, sucht er nach einem anderen Weg aus der Beziehung,
ohne den wirklichen Grund zu nennen.

Wenn Sie jedoch zulassen, daß er geht, ohne Sie mit der
Wahrheit konfrontiert zu haben, ist *das* der wirkliche To-
desstoß für die Beziehung. Sie müssen Ihrem Wunschpartner beweisen, daß Sie nicht nur die Wahrheit ertragen,
auch wenn sie eine Zurückweisung für Sie bedeutet, sondern auch die Wahrheit akzeptieren, ohne davon aus der
Bahn geworfen zu werden. Der entscheidende Punkt ist
nicht, daß er Sie nicht liebt, sondern er nicht glaubt, daß
Sie ihn lieben.

Wenn der andere im Herzen davon überzeugt ist, daß
Sie seine Zweifel und Ängste nicht wirklich verstehen,
dann muß er daraus schließen, daß Sie ihn nicht wirklich
kennen und nicht so akzeptieren, wie er wirklich ist.
Glaubt er, Sie würden verbittert und verletzt reagieren,
wenn Sie wüßten, was er wirklich über Sie denkt, wird er
daraus schließen, daß Ihre Liebe zu ihm oberflächlich und

hypothetisch ist, also auf Ihrer Phantasievorstellung seiner Person beruht.

Sobald Sie Ihrem Wunschpartner veranschaulichen können, daß Sie nicht nur seine wahren Gefühle spüren, sondern sie auch akzeptieren, selbst wenn es sich dabei um die Zurückweisung Ihrer Person handelt, verlieren seine Zweifel und ursprünglichen Einwände gegen Sie an Gewicht. Wenn er zur Erkenntnis kommt: »Du lieber Himmel! Da ist ein Mensch, der mich wirklich mag, so wie ich bin!«, schwinden seine anderweitigen Einwände gegen Sie im Vergleich zur Aussicht, so geliebt zu werden, wie er ist! Und wenn ein Mensch sich wahrhaft verstanden, akzeptiert und geliebt fühlt, verlieren plötzlich all die anderen Einwände, die ihm so bedeutend schienen, ihren Sinn. Plötzlich verliebt er sich in Sie, entgegen aller Gründe, warum er es nicht tun sollte. Denn schließlich ist Liebe die Sprache der Emotionen − nicht die der Logik!

Liebestaktik Nr. 42:
Konfrontieren Sie Widerstand

Wenn Sie eine Beziehung mit Ihrem Wunschpartner aufbauen wollen, werden bei ihm oft Zweifel entstehen, worauf er sich einläßt. Er wird eine Reihe völlig logischer, persönlich überzeugender, *geheimgehaltener* Gründe anführen, warum die Beziehung völlig falsch ist; und er wird Ihnen in seiner Abwehr, die Beziehung zu vertiefen, deutliche Zeichen von Widerstand entgegenbringen. Das äußert sich in Stimmungsschwankungen, reduzierter Kommunikationsbereitschaft, Mißachtung Ihrer Person, bis hin zu dem Punkt, an dem er/sie Ihnen ganz deutlich aus dem Wege geht.

Solches Verhalten muß konfrontiert werden. Wenn die diesem Verhalten zugrunde liegenden Gefühle nicht aufgedeckt werden, geht die Beziehung schließlich völlig kaputt. Durch kluge und liebevolle Konfrontation Ihrerseits wird ein solcher Widerstand jedoch gebrochen und wirkungslos. Die im folgenden beschriebene Technik wird Ihnen als Form dienen, Ihre Zuneigung zu zeigen. Sie besteht aus Konfrontieren, Fragen, Bestätigen und Einfühlen.

Konfrontieren Sie das unkooperative Verhalten. »Vielleicht irre ich mich, aber ich habe das Gefühl, daß etwas nicht in Ordnung ist...« Zu den schönsten Erfahrungen im Leben eines Menschen gehört das Gefühl, verstanden zu werden. Wir wollen einem anderen nicht sagen, wenn wir besorgt sind. Wir möchten aber gern, daß er es spürt. Wir wollen, daß andere unsere Gedanken lesen! Eine enttäuschte Ehefrau, die sich scheiden lassen wollte, versuchte ihrem verdatterten Ehemann klarzumachen, daß jede Ehefrau sich einen Partner wünsche, der ›in ihr liest wie in einem Buch‹!

Viele Menschen erkennen oft nicht, daß sie durch ihr Verhalten unbewußt andeuten, was sie denken. Wenn Sie sensibel auf ein solches Verhalten reagieren und Ihren Wunschpartner damit konfrontieren, kommen Sie seinem Wunsch nach Verständnis entgegen. Das wiederum baut bei ihm emotionale Schranken ab, eine Bindung – und Liebesbeziehung – mit Ihnen einzugehen.

Fragen Sie nach einer Bestätigung oder Verneinung Ihrer Beobachtungen. »Ist mein Gefühl richtig? Bedrückt dich wirklich etwas?...« Wenn Sie Ihren Wunschpartner wissen lassen, daß Ihnen sein Verhalten nicht verborgen bleibt und Sie ihn um eine Bestätigung Ihrer Auslegung bitten, ist er/sie gezwungen, den Hintergrund seines Verhaltens aufzudecken. »Hmm... ich habe mich ziemlich kühl und distanziert verhalten... Was habe ich damit eigentlich bezweckt? Was habe ich versucht dadurch mitzuteilen?«

Wichtig dabei ist, daß Sie ihm sein Motiv und Verhalten Ihnen gegenüber bewußt machen. Er hat bereits angedeutet, was er Ihnen gerne sagen würde. Sie zwingen ihn lediglich, Farbe zu bekennen und bitten ihn, auszusprechen, was er auf dem Herzen hat. Um das tun zu können, muß er allerdings zunächst genau wissen, was genau er auf dem Herzen hat, und ob es der Mühe wert ist, darüber zu sprechen oder nicht. Das erfordert analytisches Nachdenken. Wenn Sie jemand auffordern, seine Gefühle in Worte zu fassen, zwingen Sie ihn zugleich, *seine Empfindungen in feste Begriffe zu fassen, mit denen man umgehen kann*.

Menschen verhalten sich häufig auf bestimmte Art, ohne genau zu wissen, warum. Solange der andere nicht genau weiß, was er/sie fühlt, *können Sie ihm/ihr nicht helfen*. Der erste Schritt zur Veränderung der Haltung des anderen besteht darin, daß der Betreffende seine Haltung selbst erkennt.

Es geht nicht in erster Linie darum, daß der andere bereit ist, reinen Tisch zu machen oder seine neu entdeckten Gefühle offen einzugestehen. Allein das Wissen, daß Sie ihm reinen Herzens zugehört haben und bereit sind, ihm weiterhin zuzuhören, trägt erheblich dazu bei, seinen Widerstand zu schwächen. Auf lange Sicht kann Logik der Macht der Gefühle nicht widerstehen. Das Glücksgefühl, das Ihr Wunschpartner empfindet, von Ihnen verstanden und akzeptiert zu werden, wird schließlich jedes Zaudern, Ihnen sein Herz zu öffnen, überwiegen.

Drängen Sie den anderen nicht, Ihnen mehr Einzelheiten anzuvertrauen, als er oder sie bereit ist, Ihnen zu geben. *Das haben Sie nicht nötig.* Sie haben den Betreffenden bereits an einen Scheideweg in der Beziehung geführt – an einen Punkt, wo er die Wahl treffen muß zwischen Aufrichtigkeit und Revidierung. Beide Elemente werden die Beziehung stärken. Entweder er muß aussprechen, was ihn bedrückt, um sein Verhalten zu erklären, oder er muß sein Verhalten *verändern*, um seiner Versicherung, daß alles in Ordnung ist, Glaubwürdigkeit zu verleihen!

Bestätigen Sie Ihrem Wunschpartner Ihre Absicht, seine Erörterungen lediglich verstehen (nicht beurteilen) zu wollen, besonders wenn Sie bei ihm ein Zögern verspüren, Gefühle auszudrücken. »...Ich bin bereit, nur zuzuhören, wenn du bereit bist, zu sprechen. Mir geht es nur um deine Gefühle...« Die Hauptursache von Kommunikationsbrüchen ist die Angst, verurteilt zu werden. Menschliche Erfahrung hat gezeigt, daß unsere ehrlichen Gefühle von anderen nicht immer ohne Kommentar oder Kritik hingenommen werden. Sie müssen dem anderen deutlich machen, daß er von Ihnen wegen seiner persönlichen Ängste oder Besorgnisse nicht geringer geschätzt wird.

Zeigen Sie **Einfühlungsvermögen.** Seien Sie verständnisvoll. Wenn ein Mensch beginnt, sich ein wenig zu öffnen, zerstören Sie nichts! Hören Sie bloß zu, wie Sie es versprochen haben. Üben Sie keine Kritik. Versuchen Sie nicht, die Meinung des anderen zu ändern oder ihm nachzuweisen, daß seine Argumentation falsch ist. Wenn Sie das tun, bereuen Sie es bald, denn es wird sehr, sehr lange dauern, bis er/sie sich wieder öffnet.

Lassen Sie den anderen in seinem eigenen Tempo fortschreiten. Wenn Sie noch keine allzugroße Erfahrung im besinnlichen Zuhören haben, geben Sie dem anderen Ihre Anteilnahme durch Kopfnicken oder ein gelegentliches »Hm-hmm... ja, ich verstehe...« zu verstehen. Begehen Sie jedoch nicht den Fehler, das Gesagte zu werten.

Die Feuerprobe ist natürlich der Augenblick, wenn Ihr Wunschpartner Zweifel über die Beziehung äußert. Geraten Sie nicht in Panik, wenn er oder sie Ihnen eröffnet, daß ihr beide nicht füreinander bestimmt seid! Bleiben Sie kühl, welche Zurückweisung diese Worte für Sie auch immer bedeuten mögen! *Sie erreichen Ihr Ziel dennoch!*

Solche Empfindungen können nur zerstreut werden, wenn der Zweifler sie aussprechen kann und Sie *ihn vollständig akzeptieren.* Wenn Sie zeigen, daß Sie anderer Meinung sind als er oder sie, verstärken Sie beim anderen lediglich die ursprünglichen Empfindungen. (Das scheint keinen Sinn zu ergeben, dennoch ist das die logische Folgerung!) Akzeptieren Sie seine Haltung während des Gesprächs vollständig, nehmen Sie aber einige Tage später ohne Vorankündigung erneut Kontakt mit dem Betreffenden auf und bekunden Sie Ihre Absicht, die Freundschaft aufrechtzuerhalten – auch ohne Liebesbeziehung. *Seien Sie versichert, die Liebesbeziehung stellt sich zu gegebener Zeit ein.*

Ihre Bereitschaft, es Ihrem Wunschpartner zu überlassen, sich Ihnen dann anzuvertrauen, wenn es ihm/ihr gelegen kommt, gepaart mit Ihrer deutlich zum Ausdruck gebrachten Sensibilität zu spüren, daß ihm etwas nicht paßt, wird ihn/sie darin bestärken, Sie mehr und mehr ins Vertrauen ziehen zu können. Diese Form des Verständnisses ist ein wunderbarer Weg, Liebe zum Ausdruck zu bringen und eine Methode, um jedes Hindernis zu überwinden, das der Intensivierung der Liebesbeziehung mit Ihrem Wunschpartner im Wege steht!!

Kapitel 12

Zeigen Sie Engagement

Prinzip: Je überzeugter ein Mensch davon ist,
für Sie wichtig zu sein, desto intensiver seine
oder ihre Gefühle der Liebe für Sie.

Nachdem alles gesagt und getan ist, kommt der Zeitpunkt,
an dem die allgegenwärtige Frage von beiden Partnern in
einer Beziehung gestellt wird: »Wie wichtig bin ich dir
wirklich?« Alle anderen Themen sind dieser Frage unter-
geordnet. Je höher bewertet jemand sich vom Partner
fühlt, desto tiefer die Zuneigung für ihn. Die folgenden
Taktiken befassen sich damit, wie Sie Ihrem Wunschpartner Zuneigung und Achtung zeigen.

Liebestaktik Nr. 43:
Bleiben Sie am Ball

Nachdem Sie sich redlich angestrengt haben, kommen Sie
vielleicht zur Ansicht, Ihr Wunschpartner sei von Ihren
Bemühungen, ihn zu erobern, völlig unbeeindruckt geblie-
ben. *Lassen Sie sich von solchem Augenschein nicht blen-
den!* Diese scheinbare Fähigkeit, Ihnen auf Dauer zu widerstehen, ist nur ein *naturgegebener Instinkt, jene Verfol-
ger abzuschütteln, die es weniger aufrichtig meinen – und
weniger engagiert sind*. Sie stehen vor der Herausforderung, durch Ihre Ausdauer zu beweisen, daß Ihre Liebe
echt ist.

In Ihrer Verzweiflung fragen Sie sich vielleicht: »Was
mache ich falsch...?« Wenn Sie die in diesem Buch erör-
terten Taktiken nach bestem Wissen befolgt haben, lautet
die Antwort: »Nichts.« Sie sind auf dem richtigen Weg.

Sie müssen die *Liebestaktiken* nur noch ein wenig länger und geschickter anwenden, aus Ihren Fehlern lernen und mit der Übung besser werden. Zu gegebener Zeit winkt Ihnen der Lohn.

Im übrigen haben Sie das Recht, Fehler zu machen! Es ist nichts dabei, wenn Ihre Stimme gelegentlich versagt oder Sie auf die Nase fallen! Sie sind nur ein Mensch, und man wird Sie trotz dieser Schwächen lieben – vielleicht sogar *deswegen*. Rappeln Sie sich wieder hoch und probieren Sie es wieder. Der einzig wirklich nicht wiedergutzumachende Fehler ist zu *gehen*.

Wenn Sie sich mit einem bestimmten Menschen einige Male getroffen haben und immer noch das Gefühl haben, keinen Fortschritt zu machen, ihn oder sie für sich zu gewinnen, lassen Sie sich nicht entmutigen! Dr. Joyce Brothers hat vor kurzem einen Artikel veröffentlicht, der jedem hoffnungsvollen, aber frustrierten Liebenden Mut gibt. Sie berichtet von einer Untersuchung bei Ehepaaren, in der festgestellt wurde, daß *mehr als die Hälfte* der befragten Frauen aussagten, sie hätten sich erst *nach mindestens zwanzig Zusammentreffen* in ihren zukünftigen Ehemann verliebt! Das heißt also, man kann tatsächlich in die Liebe zu einem Partner *hineinwachsen*. Die Erfahrung zeigt weiterhin, daß Männer dazu neigen, solche Frauen zu lieben, die geduldig zwischenmenschliche Beziehungen zu ihnen aufrechterhalten.

Das Schattental der Apathie

Wie gut läßt es sich darin leben? Das hängt von Ihrer Beharrlichkeit ab, *auch wenn Ihnen gelegentlich alles Verlangen abhanden kommt*. Das heißt, seien Sie darauf gefaßt, daß ein Zeitpunkt kommt, in dem all das Verlangen, das Sie anfangs Ihrem Wunschpartner entgegengebracht haben, vorübergehend auf Eis gelegt ist. Sie stellen möglicherweise fest: »Seltsam, früher schienen mir all die Mühen für ihn wert zu sein. Und jetzt ist mir das alles nicht mehr wichtig! Anfangs hätte ich für ihn/sie *alles* getan. Und jetzt weiß ich nicht mal, ob ich ihn haben möchte, selbst wenn er mich darum bittet!«

Aber auch das geht vorüber. Sie sind Ihrem Ziel näher denn je. *Jetzt* ist der Zeitpunkt gekommen, da Ihre Liebesfähigkeit sich auf dem Prüfstand befindet. Daher ist Liebe letztlich eine Sache reiner Willenskraft − ohne Gewähr.

Das soll nicht heißen, daß Sie keinen weiteren Anspruch auf Glück und emotionale Erfüllung hätten. Im Gegenteil, das wird eintreten. Doch zunächst müssen Sie *das Schattental der Apathie* durchwandern, um ans Ziel zu gelangen! Diese Empfindungen sind in jeder sich entwickelnden, lohnenden Zweierbeziehung unausweichlich.

Wäre es vernünftig, von Ihnen zu verlangen, sich immer dort aufzuhalten, ohne den Wunsch oder die Hoffnung, je wieder belohnt zu werden? Natürlich nicht. Eines aber steht fest: *Wenn Sie diesen Zustand vorübergehend ertragen, trotz Ihres temporären Desinteresses, wird Ihr Verlangen sich wieder einfinden.*

Wenn Sie wirklich den Vorsatz haben, bis zum Ende auszuharren, besteht kein Zweifel, daß Sie letztlich gewinnen. Ein Sprichwort sagt: »Das Rennen macht nicht der Schnelle, die Schlacht gewinnt nicht der Starke, sondern der, der bis zum Ende ausharret.«

Manchmal scheint alles furchtbar entmutigend und Sie werden vielleicht nie alle Antworten erfahren. Ich garantiere Ihnen jedoch: *Es gibt Antworten. Es gibt Lösungen. Es gibt einen Weg.* Es ist nur eine Frage der Beharrlichkeit, bis Sie den richtigen Weg finden. *Sie schaffen es!!*

Liebestaktik Nr. 44:
Sagen Sie »Ich liebe dich«

An anderer Stelle dieses Buches haben wir Ihnen zwar empfohlen, Ihr Herz nicht auf der Zunge zu tragen, dennoch kommt in jeder Beziehung der Zeitpunkt, an dem es angebracht ist zu sagen: »Ich liebe dich.« Dieser Zeitpunkt ist allerdings erst dann gegeben, wenn Sie Ihre Liebe klargemacht haben − nicht in *Worten*, sondern durch *Taten*. Worte kosten bekanntlich nichts. Aber: »Das, was du tust, macht so viel Lärm in meinen Ohren, daß ich kein Wort von dem höre, was du sagst!«

Wenn Sie Ihre Liebe verbal zum Ausdruck bringen, gilt es vor allem, einen Punkt zu beachten: *Menschen laufen vor der Verantwortung fort.* Wenn jemand aus Ihren Worten heraushört, Sie wollen ihm damit zu verstehen geben: »Schatz, ich möchte eine bindende Zusage von dir«, vertreiben Sie ihn oder sie, ohne es zu wollen. Wenn Sie also die Worte: »Ich liebe dich« aussprechen, tun Sie es im Sinne und in der Betonung von: »Es ist unwichtig, ob du meine Empfindungen erwiderst. Ich habe den Wunsch, dich glücklich zu machen!« Wie Ihr Wunschpartner diese Worte entgegennimmt, entscheidet über Ihren Erfolg, seine Liebe zu gewinnen. Ihre Worte müssen die Botschaft vermitteln, daß Ihre Liebe eine vorbehaltlose Hingabe an sein Glück ist, ohne ihm damit Fesseln anlegen zu wollen. Ihre Worte dürfen nicht als Versuch verstanden werden, den anderen in eine Ecke zu drängen, wo er sich verpflichtet fühlt, ebenfalls »Ich liebe dich« zu sagen. Die Menschen lassen sich auf diese Weise *nicht* in die Falle locken! Große Erwartungen, kleiner Gewinn. Kleine Erwartungen, großer Gewinn!

Vergessen Sie nicht, daß die drei kleinen Worte ihre Zauberkraft verlieren, wenn Ihre Handlungsweisen ihnen widersprechen. Die Worte: »Ich liebe dich« sind wie eine Kugel und Ihre Taten das Schießpulver. Wenn Sie Ihre Muskete mit der Kugel laden, aber vergessen, das Schießpulver hinzuzufügen, wird die Kugel, nachdem Sie den Schuß abfeuern, kraftlos aus dem Lauf kullern. Wenn Sie aber andererseits die Kugel vergessen zu laden, obgleich Sie reichlich Schießpulver in den Lauf getan haben, wird Ihre Feuerwaffe ihren Zweck ebensowenig erfüllen.

Bei der Gründung der Vereinigten Staaten war die Position der angehenden Nation sehr schwach. Die amerikanischen Soldaten waren weniger gut ausgebildet als die englischen Truppen, auch verfügte die abtrünnige Kolonie nicht über die Finanzmittel des englischen Königreichs. Colonel William Prescott, der die amerikanischen Truppen in die Schlacht am Bunker Hill führte, war sich der Unterlegenheit seiner schlecht ausgebildeten Armee gegen die besser ausgerüstete englische Streitmacht wohl bewußt. Er beobachtete das Anrücken des Feindes den Hügel herauf und ließ den Befehl ausgeben: »Erst schießen, wenn das Weiße im Auge des Feindes zu erkennen ist!« Ihm war klar, daß seine Soldaten vielleicht keine zweite Chance hatten; jeder Schuß mußte ein Treffer sein.

Auch bei Ihren Bemühungen, Ihren Wunschpartner zu erobern, bieten sich Ihnen nur eine begrenzte Anzahl von Gelegenheiten, die Worte: »Ich liebe dich« auszusprechen. Werden sie zu früh gesagt, steckt keine wirkliche Kraft dahinter.

Beweisen Sie Ihre Liebe zunächst durch Geduld. Beobachten Sie das Anrücken Ihres Wunschpartners ›auf dem Schlachtfeld‹. Und erst, wenn Sie ›das Weiße in seinen Augen sehen‹ und spüren, daß Ihre Worte ihren Eindruck nicht verfehlen, *geben Sie Feuer!* Wenn Sie sich vorstellen, nur einen Schuß zu haben, der sein Ziel nicht verfehlen darf, wählen Sie intuitiv den richtigen Augenblick für die Worte: »Ich liebe dich.«

Kapitel 13

Letzte Barrieren wegräumen

Prinzip: Wenn Sie sich aus einer Beziehung
zurückziehen, die Sie einige Zeit aktiv verfolgt
haben, wird der andere automatisch seine
Wachsamkeit herabsetzen und damit für Ihre
erneuten Avancen in Zukunft zugänglicher sein.

Wenn ein Mensch Ihnen beständigen Widerstand leistet,
so geschieht das häufig, weil er oder sie denkt, Sie haben
die Botschaft noch nicht begriffen. Möglicherweise reali-
siert er zwar, daß Sie sich einer *erklärten Absicht*, keine
enge Beziehung mit Ihnen eingehen zu wollen, bewußt
sind, glaubt aber dennoch, daß Ihnen nicht klar ist, wie
ernst es ihm oder ihr damit ist.

Ein vorübergehender Rückzug aus der Beziehung kann
dieses Problem lösen! Hier geht es darum, den anderen
davon zu überzeugen, daß Ihnen klar ist, daß der andere es
mit seinem Entschluß, sich nicht näher mit Ihnen einzulas-
sen, ernst meint. Rückzug ist die einzig wirksame Methode, den anderen davon zu überzeugen, daß Sie das begreifen; letztlich müssen Sie Ihre Fähigkeit zur Kommunikation beweisen, wenn Sie sein/ihr Herz gewinnen wollen.
Wenn Sie erfolgreich in der Kommunikation sind, ist es
nur eine Frage der Zeit, bis sich das Blatt seiner ablehnen-
den Haltung Ihnen gegenüber wendet. Sobald Sie Ihre Fähigkeit zu verstehen bewiesen haben, sind Ihre Chancen
für ein Comeback erheblich gestiegen.

Liebestaktik Nr. 45:
Strategischer Rückzug

Eine der berühmtesten Heldensagen der alten Griechen ist
die Geschichte mit dem Trojanischen Pferd. Zehn lange,

entbehrungsreiche Jahre hatten die Griechen vergeblich die Stadt Troja belagert, um ihre schöne Königin Helena zurückzuholen. Die Mauern der Stadt waren uneinnehmbar und die Griechen sahen keine Chance, den Feind zu überwältigen. Die Aussichten auf einen offenen Kampf waren hoffnungslos. Schließlich ersannen sie in ihrer Verzweiflung eine erfolgreiche Kriegslist.

Die Belagerer bauten ein großes hölzernes Pferd, in dessen Bauch sie einige ihrer tapfersten Krieger versteckten. Das Holzpferd stellten sie vor den Toren Trojas auf. Sodann bestieg die griechische Armee ihre Schiffe und segelte ab; allem Anschein nach hatten sie endlich ihr Vorhaben aufgegeben und den Rückzug angetreten.

Als die Trojaner das Pferd entdeckten, waren sie fasziniert von seiner Konstruktion. *Da sie sich nun von keiner direkten Konfrontation mit der griechischen Armee bedroht glaubten, legten sie ihre Wachsamkeit ab.* Sie öffneten nicht nur ihre Tore, sondern brachten das monumentale Pferd mitten in die Stadt, als Zeichen ihres unerwarteten ›Sieges‹.

In jener Nacht, als die Trojaner schliefen, krochen die griechischen Soldaten aus dem Bauch des Holzpferdes und öffneten die Stadttore wieder — für ihre wartenden Kameraden, die im Schutz der Nacht zurückgekehrt waren. Troja wurde zerstört und Helena nach Griechenland zurückgebracht. Strategischer Rückzug hatte an einem einzigen Tag den Erfolg gebracht, der den Helden in zehn Jahren direkter Konfrontation nicht beschieden war!

Ähnlich verhalten sich die Dinge, wenn Sie Ihren Wunschpartner aktiv verfolgt haben, um festzustellen, daß der Steinwall, der sein/ihr Herz umschließt, sich von Ihrer Liebe nicht einnehmen läßt; nun wenden Sie die Strategie des Trojanischen Pferdes an! Machen Sie einen strategischen Rückzug! Die meisten Menschen empfinden große Erleichterung, wenn sie endlich ihre emotionale Schutzhaltung und Wachsamkeit ablegen können. Bei einer neuen Begegnung mit Ihnen ist Ihr Wunschpartner nicht mehr bereit – oder fähig – Ihnen Widerstand zu leisten.

Die große Lehre aus der Geschichte mit dem Trojanischen Pferd besteht darin, daß Dinge, die sich nicht mit Gewalt erzwingen lassen, meist durch Strategie erreicht werden. Liebe kann man nicht erzwingen. Aber Überzeugungsstrategien auf der Basis psychologischer Verhaltensprinzipien *können* Liebe herbeiführen!

Liebestaktik Nr. 46:
Genießen Sie das Zusammensein mit Ihrem Wunschpartner

Liebe endet schließlich dort, wo sie begann. In einem Wort: in der *Bindung!* Das erwünschte Ziel der Liebe besteht darin, jemand zu haben, der wirklich an Ihrer Person und Ihrem Glück interessiert ist, doch das beginnt mit Ihrer Bindung an den *anderen!* Der Grund, warum so viele Liebesbeziehungen schiefgehen, liegt darin, daß keiner der Beteiligten in der Beziehung die uneingeschränkte Akzeptierung und das Glück des anderen im Auge hat. Jeder erwartet, daß der *andere* diese Bindung *zuerst* zeigt. Wenn jemand sich aber deutlich bewußt ist, daß Sie den aufrichtigen Wunsch haben, ihn *bedingungslos* zu lieben, wird er oder sie Ihre Liebe erwidern. Wie Ralph Waldo Emerson einmal sagte: »Liebe, und du wirst geliebt werden.«

Wenn Sie alles getan haben, was Sie sich vorgenommen haben und Ihren Wunschpartner erobert haben, genießen Sie den Zustand! Kein materieller Wert kann eine glückliche Liebesbeziehung ersetzen. Nehmen Sie sich also Zeit und genießen Sie, was Sie haben! Denken Sie daran, Liebe ist mehr wert, als alle Schätze dieser Erde. Seien Sie sich dieser Tatsache bewußt und danken Sie der göttlichen Vorsehung. Viel Glück, und genießen Sie das Zusammensein mit Ihrem Wunschpartner!

Schlußwort

Nun kennen Sie also die ewiggültigen Zauberformeln! Machen Sie sich diese Prinzipien zu eigen und Sie werden Ihr Leben damit unermeßlich bereichern. Es ist der innige Wunsch der Autoren, daß Sie durch die Anwendung unserer *Liebestaktiken* ein erfülltes, glückliches Leben führen.

Die Philosophie der *Liebestaktiken* läßt sich am besten mit den poetischen Worten von Emmet Fox zusammenfassen:

Liebe*

Es gibt keine Schwierigkeit, die wahre Liebe
nicht besiegt; keine Krankheit, die wahre Liebe
nicht heilt; keine Tür, die wahre Liebe
nicht öffnet; kein Abgrund, den wahre
Liebe nicht überbrückt; keine Mauer, die wahre
Liebe nicht zum Einsturz bringt; keine Sünde, die
wahre Liebe nicht verzeiht.
Ungeachtet, wie tiefgreifend
das Problem, wie hoffnungslos die Aussicht,
wie verwirrt das Knäuel, wie groß der Fehler;
das Wissen um die Liebe räumt alle
Hindernisse aus. Wenn deine
Liebe groß genug ist, bist du das glücklichste
und mächtigste Geschöpf auf Erden.

Viel Glück mit *Liebestaktiken!* Je häufiger Sie diese Prinzipien in Ihrem Leben anwenden, desto stärker wird Ihre

---

* Dr. Emmet Fox, ›Love Card‹ (DeVorss & Co.: Marina DelRey, Cal.). Nachdruck mit Genehmigung von Blanche Wolhorn und Hedda Lark.

– wie auch unsere – Überzeugung von der Wirksamkeit in der Eroberung Ihres Wunschpartners.

Sollten Sie irgendwelche Fragen oder ein bestimmtes Problem haben, zu dem Sie zusätzliche Informationen wünschen, zögern Sie nicht, Ihre Anfragen über die Verlagsadresse an uns zu richten. Wir freuen uns darauf, von Ihnen zu hören! Teilen Sie uns auch Ihre Erfolge mit! Der größte Erfolg, den sich jeder Autor wünscht, ist das Wissen, daß seine Veröffentlichung seinen Lesern geholfen hat!

HEYNE BÜCHER

Grundfragen der Psychologie
Praktische Lebenshilfen

Wilhelm Heyne Verlag
München

Partnerschaft

Wilhelm Heyne Verlag
München

HEYNE BÜCHER

Therapieführer

Kurz, prägnant und aus kompetenter Sicht werden hier die wichtigsten Therapieformen vorgestellt. Nicht nur für den Laien eine wertvolle Orientierungshilfe, auch der Fachmann findet darin das Wichtigste auf einen Blick.

Bärbel Schwertfeger/Klaus Koch

DER THERAPIE-FÜHRER

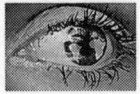

Die wichtigsten Formen und Methoden

Klassische Psychoanalyse ■ Individualpsychologie
Logotherapie ■ Primärtherapie ■ Verhaltenstherapie
Gestalttherapie ■ Transaktionsanalyse ■ Focusing
Bioenergetik ■ Rolfing ■ Biofeedback ■ Hypnotherapie

Ein Leitfaden

17/25

Anita Bachmann

DER NEUE THERAPIE FÜHRER

Die wichtigsten Formen und Methoden

Farbtherapie ■ Heilen mit Kristallen ■ Aikido
Alexandertechnik ■ Shiatsu ■ Kundalini
Atmen und Tönen ■ Chakra- und Energiebewußtsein
I Ging ■ Reinkarnationstherapie
Transzendentale Meditation ■ Rituale Maskenarbeit
Tarot als Selbsterfahrung

Ein Leitfaden

17/61

Außerdem lieferbar:

Martin Hambrecht
Das Leben neu beginnen
Wenn Therapie zur
»Lebensschule« wird
17/74

Wilhelm Heyne Verlag
München